北京米袋子

北京市价格监测中心 编

中国人口出版社
China Population Publishing House
全国百佳出版单位

图书在版编目（CIP）数据

北京米袋子／北京市价格监测中心编．—北京：中国人口出版社，2016.12

（北京菜篮子系列丛书）

ISBN 978－7－5101－4929－0

Ⅰ．①北…　Ⅱ．①北…　Ⅲ．①粮食市场－研究－北京　Ⅳ．①F724.721

中国版本图书馆CIP数据核字（2017）第008546号

北京米袋子

北京市价格监测中心　编

出版发行	中国人口出版社
印　　刷	北京世纪恒宇印刷有限公司
开　　本	787毫米×1092毫米　1/16
印　　张	8.25
字　　数	150千字
版　　次	2016年12月第1版
印　　次	2016年12月第1次印刷
书　　号	ISBN 978－7－5101－4929－0
定　　价	35.00元

出 版 人	邱立
网　　址	www.rkcbs.net
电子信箱	rkcbs@126.com
总编室电话	(010)83519392
发行部电话	(010)83530809
传　　真	(010)83519401
地　　址	北京市西城区广安门南街80号中加大厦
邮　　编	100054

编委会

编者按

“米袋子”，原指人们日常生活中一日三餐盛装粮食作物的袋子。现如今，“米袋子”已经演变成为一个关系着老百姓粮食是否丰富、充足的民生词汇，它涉及粮食的生产、供应和市场稳定，对抑制通胀有重要意义。

习近平总书记指出：“我国是个人口众多的大国，解决好吃饭问题始终是治国理政的头等大事”。党的十八大以来，面对错综复杂的国内外经济形势和自然灾害多发、频发的不利影响，党中央始终坚持把解决好“三农”问题作为全党工作的重中之重，提出了关于“三农”发展的新理念、新思想、新战略，出台了一系列强农、惠农、富农政策，农业稳定增长，为经济社会持续稳定健康发展奠定了坚实的基础，提供了强大支撑。

在消费市场，“米袋子”实行省长负责制。北京市作为粮食主销区，要保障粮食市场的平稳运行，一方面要积极应对各类突发事件，保障供应，另一方面则需要优化粮食市场调控的长期机制。

从平息“非典”时期粮食价格异常波动，到应对 2008 年冰雪灾害造成的北京市的部分商品供应困难、价格上涨，以及奥运会期间保障粮油市场价格的稳定。面对“非常”时期以及事件，北京市曾采取组织大量粮油投放市场的“保供应”和限制价格调整的行政手段来保障北京市场粮食供应和价格稳定。

而在优化粮食调控体系上，全面落实粮食安全市长责任制，积极推动京津冀粮食流通协同发展，着力推进储备粮轮换、粮食流通统计、市场监测预警以及应急体系建设，都为保障首都的粮食安全和社会稳定提供支撑。

《北京米袋子》是《北京菜篮子》系列丛书之一，该系列丛书由北京市价格监测中心策划并组织编写，包括《北京菜篮子》《北京米袋子》《北京果盘子》《北京蛋篓子》和《北京肉案子》。系列丛书将科普性、知识性、新闻性进行了有机结合，内容丰富，既全面介绍了农产品市场的基本现状和历史，又深入展现了北京市对农产品价格监测和调控所做的诸多工作。

北京市农产品市场是一个较为宏大的主题，在本书的撰写过程中，得到了北京新发地市场等单位的鼎力支持，参考了大量文献和资料，在此一并表示诚挚感谢。由于编者水平有限，本书难免存在谬误，敬请读者不吝指正。

目录

第一章 充实米袋子 1

粮票中的记忆 3

粮票，是20世纪50～90年代，中国在特定的经济时期发放的一种购买粮食的凭证。那时，中国刚刚结束了几十年的战争，物资极度匮乏，为了满足全国人民的温饱，解决粮食生产供应问题，粮票作为正式流通的凭证登上历史舞台。30年间，这个“第二货币”见证了北京米袋子的供应变化，浓缩了北京人的口粮记忆。

田头的转移 20

要想保证粮食资源的充足，发展粮食生产是根源问题。在计划经济时期，东部沿海地区是我国的粮食主产区。改革开放以来，在全国范围内逐渐形成13个生产条件好、粮食产量高的粮食主产省、区，这些粮食主产区的粮食生产对我国粮食安全做出了重大贡献。

第二章 手中有粮，心中不慌 29

生产保卫战 31

北京市作为消费型城市，对粮食的消费需求量大，北京及全国米袋子的安全与稳定受着我国粮食生产情况的影响。党的十八大以来，党中央始终坚持把解决好“三农”问题作为全党工作的重中之重，提出了关于“三农”发展的新理念、新思想、新战略，出台了一系列强农、惠农、富农政策，农业稳定增长，为经济社会持续稳定健康发展奠定了坚实的基础，提供了强大支撑。

政策不松劲 44

为了保障粮食生产，确保饭碗永远端在自己的手上，我国在粮食生产上的政策不断出台。从坚守耕地红线的"藏粮于地"，到重视和依靠农业科技进步的"藏粮于技"战略，以及通过财政投入驱动粮食生产等措施，为粮食生产的发展提供了政策保障。

第三章 破题价格之困 61

构筑粮食安全的堡垒 63

伴随着我国粮食价格以及粮食流通体制的改革，北京市构建了粮食安全体系，加强对粮食市场的宏观调控。1999 ~ 2003 年，北京市继续围绕"三项政策、一项改革"进行粮食流通体制改革，发布《北京市粮食供给应急预案》；2004 年，北京市建立了市、区两级粮油信息监测网络；北京市储备粮通用台账管理系统也启动运行，这些措施为粮食安全构筑了堡垒。

为粮价倒挂"解扣" 70

针对中国农产品结构性过剩、部分品种库存过高、国内外粮食价格倒挂的问题，近年来，我国不断推进粮食价格改革。2016 年，我国继续执行并完善稻谷、小麦最低收购价政策；进一步推进新疆棉花、东北地区大豆目标价格改革试点；继续稳妥推进玉米收储制度改革，建立生产者补贴制度。

粮价起落盯得住 82

伴随着经济和社会发展，北京市粮食生产、流通情况不断发展变化。为了掌握粮食购销价格情况，服务粮食流通体制改革，加强价格监管工作，北京市对粮食销售价格进行监测，以掌握市场价格波动。

平抑粮价见成效 97

北京市作为粮食主销区，要保障粮食市场的平稳运行，一方面，要积极应对各类突发事件，保障供应。从"非典"时期粮食价格的异常波动，到2008年冰雪灾害造成的北京市的部分商品供应困难、价格上涨，面对"非常"时期以及事件，北京市采取行政手段来保障市场粮食供应和价格稳定。另一方面，北京市通过优化粮食市场调控的长期机制，保障首都的粮食安全和社会稳定。

第四章 米袋子新动向 107

米袋子新动向 109

随着近些年老百姓消费水平的提高和生活节奏的加快，一方面，餐桌上的主食花样越来越多，另一方面，粮食市场出现了不少新的发展方向。例如，我国开始推进马铃薯的主粮化战略，"土豆馒头"已经在北京上市，将成为稻米、小麦、玉米外的又一主粮；"互联网+"的时代，粮油电商来袭，为消费者提供了新的购物渠道和购物方式。

后记 120

第一章

充实米袋子

自北京市开始实行粮食统购统销，粮票登上历史舞台，开始了长达三十多年的"票证经济"时代。伴随着粮食生产的发展，米袋子供应从短缺渐渐充实。

粮票中的记忆

“爷爷今天给你讲个粮票的故事吧，有一个时期啊，我们国家经济比较困难，好多东西都要票啊！吃饭吧，要粮票，想吃点肉吧，得要肉票，你说做件衣服吧，还要布票……”这是2004年春晚小品《讲故事》中爷爷的扮演者严顺开给孙子小叮当讲的故事。粮票——这个伴随人们生活了31年的，曾经人们生活中不可缺少的东西，如今我们也只能透过一张张收藏品来回忆并纪念它了。

粮票的由来

20世纪50～90年代，中国在特定的经济时期发放了一种购买粮食的凭证，也就是粮票。那时候，大多数商品都是凭票供应的，如粮票、油票、肉票、布票等等。

粮票的由来要从新中国成立初期说起。那时，中国刚刚结束了几十年的战争，物资极度匮乏，为了满足全国人民的温饱，解决粮食生产供应问题迫在眉睫。在这一特殊背景下，粮票作为正式流通的凭证应运而生。

50年代，粮食问题成了党和政府高度重视的问题。1953年，农产品需求迅速增长而供给相对不足的情况加剧，农产品成为稀缺资源，甚至一度引发粮食危机。时任政务院副总理兼财政经济委员会主任陈云在1953年10月召开的

自北京市进入粮食统购统销时代，粮票开始登上历史舞台，北京进入了长达三十多年的“票证经济”时代。
图为市民收藏的粮票

中共中央政治局扩大会议上指出，目前全国粮食短缺情况非常严重，部分主要产粮区未能完成粮食收购任务，粮食销售量却在不断上升，北京市、天津市两地的面粉已不够供应，到了必须实行配售的地步，如不采取坚决措施，粮食市场终将出现严重混乱的局面。通过深入研究，并参考英国经验以及战争时期经验，陈云建议解决粮食购销问题，采用农村征购，城市配给的方案，名称叫做“计划收购”，“计划供应”，简称“统购统销”。

1953 年，中共中央和国务院发布了《关于粮食统购统销的决议》和《关于实行粮食的计划收购和计划供应的命令》。为适应粮食形势需要，当年 11 月 21 日，北京市委、市政府决定成立市粮食局，并于 11 月 21 日正式启印办公。中共北京市委经请示中共中央及华北局同意后，于 1953 年 11 月实行面粉限量供应，12 月又对大米、粗粮全部实行统销，全面贯彻中共中央、政务院的指示。

根据国家粮油统购统销的有关规定精神，当时北京市从首都粮食市场的特点出发，制定和完善了一整套粮油购、销、调、存、加工的手续制度，从而保证了大规模生产建设的进行，保障了广大市民的粮食供应。经过反复实践和 3 次整顿统销，以及历次压缩粮油定量，从最初按户供应到以人定量，从凭证供应到证票结合，以证为主，再到全部发票，凭票验证，直到 1961 年形成“收发两条线”办法，保证了粮油收、发、存的基本平衡，使计划供应制度达到了比较完善的程度。

自北京市进入粮食统购统销时代，粮票开始登上历史舞台。

链 接

北京市统销时期的粮食供应凭证

粮油统销期间票证的种类如下：

1. 粮油供应证

《市镇居民粮油供应证》《厂矿企业、机关团体粮油供应证》是发给有正式户口的市镇居民和集体伙食单位，购买粮食和领取粮油票的凭证。

《工商行业粮油供应证》是发给以粮油为原料或辅助材料的工业、手工业、酿造业、食品业、复制业、副食等行业购粮、购油的凭证。

《经销店购油证》是发给为国家经销食油的副食商店批购食油的凭证。

《行业购买麻仁证》是发给糕点、饮食行业购买芝麻仁的凭证。

《饲料供应证》是发给饲养户购买饲料的凭证。

《市镇居民粮食供应转移证》是市镇居民随户口转移粮食关系的凭证。食油随粮食供应转移不另开证。

《工种粮转移证》是实行“旅大粮食管理经验”单位中的职工在北京市内调动工作时，转移工种粮的凭证。

2. 粮票、油票

全国通用粮票是全国通用的买粮凭证。购买粮食时，可以凭临时户口卡片按当地规定标准供给食油。

北京市粮票（包括面票和米票），是城乡居民在本市辖区内购买粮食或粮食制品的凭证。

北京市油票是居民购买食油的凭证。

北京市饲料票是市镇饲养户的牲畜外出或商业部门采购牲畜途中用料，用以购买饲料的凭证。

临时购粮（油）单由区县粮食局签发，是外宾、保密单位和监狱买粮、油的凭证。

全国通用粮票变化不大，1966年1月更换新版，1980年1月旧版粮票停止使用。北京市粮票版面曾经历了由大变小，由小变大的反复，直到1972年才固定下来。粮、面、米、油4种票，从开始时的22种，逐步减少到1987年的18种，面额开始最大数额为500市斤，到1964年改为20市斤。

全国通用粮票长期使用。北京粮票从1955年11月开始使用起，到1967年年末，实行“按月发放，当月有效”的办法。从1968年1月起，为方便群众，改为“按月发放，全年使用”的办法，实际过了年度仍继续使用。1971年第一季度使用新版粮票，实行“按季发放，分月使用，过期有效”的办法，到1974年4月又改为“按月发放”仍然“过期有效”。1975年3月恢复“当年有效”的办法，只有半斤和一二两小额粮票仍继续长期使用。1968年1月至1975年2月发行的北京市粮、面票可以兑换或存入粮店，停止在市场流通，进行清理。1975年3～12月的粮面票，使用到当年12月31日止，在1975年年底以前存入粮店的，可以继续买粮。1980年粮、面票延长使用到下年的2月底，1982年又延长到下年3月底（在3月底以前可以买粮或存入粮店）。这种“当年有效”按期清理的办法，到1987年仍在继续执行。

粮食部规定全国通用粮票由粮食部统一印发，其余地方票证由各省、自治区、直辖市粮食厅（局）印发。北京市从1955年开始，对所使用的各种粮、油、饲料供应票证均由市粮食局统一印发。各种粮、油、饲料供应凭证（不包括粮、油、饲料票）必须经所在粮食管理部门在“签发单位”栏内加盖粮食核批专用章才能生效。

3. 票证使用沿革

三十多年中，粮油票证使用办法变化较多，大体经历 5 个阶段：

第一阶段，凭证售粮，登证不限量。粮食统购统销初期，实行凭证售粮登证不限数量的办法。

第二阶段，按户计划售粮。1955 年 6 月实行按户订计划售粮的办法，居民或集体伙食单位凭核准的户计划买粮，或领取一部分粮票，到单位入伙或买粮。

第三阶段，按定量发票，凭票登证售粮。实行登证售粮后，粮店和顾客之间经常为了登证数字不清或有涂改现象而发生矛盾。因此，1955 年 12 月在按人定量的同时，实行全部按定量发票，凭票持证售粮不登证的办法。后为了掌握居民用粮情况，又实行了既凭票又登证的办法。

第四阶段，票证结合，以证为主，以票为辅。为了简化手续方便群众，从 1958 年 5 月又恢复凭证售粮，在外吃饭的居民户由粮店每月按户发给一部分粮票。

第五阶段，全部发票，凭票验证。经过 8 年反复实践，在总结经验的基础上于 1961 年实行全部发票，凭票验证售粮和粮店凭票核销售粮的办法———简称“收发两条线”。

（资料来源：《北京志·粮油商业志》）

北京人的口粮记忆

北京市的粮食统购包销是以面粉限量供应为开端的。为了适应当时粮食形势需要，北京市委、市政府决定成立北京市粮食局，自 1953 年 11 月起实行面粉限量供应，当年 12 月又对大米、粗粮全部实行统购包销。北京市粮源的收购，曾先后经历了市场收购、统购和合同定购等几种形式。

根据《北京志·人民生活志》记载，为了保障城乡居民基本生活，北京市

自从 1953 年 11 月开始，北京市实行粮食计划供应（摄影：关伟）

从 1953 年 11 月开始实行粮食计划供应。当时的政策规定不同职业的城镇居民，每人每月供应面粉 4 ～ 8 公斤不等。1953 年 12 月，对大米、粗粮实施“划片定点、凭证购粮”办法。1955 年 12 月，城镇居民按劳动轻重、年龄大小确定相应口粮标准。全市城镇居民粮食平均定量为每月 14.21 公斤。

随着居民收入水平的提高，全市城乡居民食品消费有了明显改善。然而到了 1958 年，北京市的粮食供应又开始紧张起来，尤其是在农村，生产的粮食远远不能满足农村居民的口粮消费。农民十分珍惜粮食，常年早、晚吃稀粥，中午吃窝头或贴饼子，家中主要劳动力吃干的，妇女吃稀的。即使这样精打细算，每年到春季青黄不接之际，还有很多农户揭不开锅，到处借粮吃。为了缓解这一紧张时期的粮食供应问题，北京市政府相继采取了一系列措施，包括压缩城镇居民的粮食供应标准，扩大凭票证供应的商品范围，出售高价糖果、糕点、烟、酒以及高价饭菜等政策。即便如此，在一些口粮偏紧、副食品定量配额又很低的家庭里，仍然不能满足每个人的营养摄入，很多人出现了营养不良、身体浮肿等症状。

为了填饱肚子，人们充分发挥想象力，创造了“双蒸法”和“增量法”。所谓“双蒸法”，就是把米淘过后，先蒸一下，然后二次加水再蒸，蒸出来的米粒膨大，比一般蒸法显得数量增多，这样至少看起来会觉得饭很多，不会不够吃。而对于人口多和有“半大小子”的家庭来说粮食就更为紧张了。为使每顿饭吃的粮食不致“超支”，许多家庭备有一杆小秤，按人头定量分碗分量蒸煮。人多粮食不够吃时，就在锅里多添水，那时的日子过得十分清苦。为使浮肿病人尽快恢复健康，北京市及时地采取了一些措施。在1961～1962年两年期间内，先后对特重体力劳动者和重体力劳动者中粮食定量偏低的给予适当上调，对部分知识分子和财贸职工中定量偏低的人员给予适当补助；对城乡的浮肿病人在本人口粮指标以外，增加供应大豆等“营养品”，并根据病人的职业和病情轻重等具体情况制定了定期、定量供应办法和规定。到了1962年又实行凭票供应部分食品的办法。在这期间，居民各种食品的消费量明显下降。在最困难的1961年，城镇居民家庭人均消费粮食164.97公斤，比1957年下降14.3%。农村居民家庭人均消费粮食只有167公斤。1963年以后，消费品市场供应逐步有所好转，凭票证供应或限量供应的商品减少，高价供应政策逐步取消。到了“文化大革命”时期，北京市副食品供应变得紧张起来，因此主要副食品又陆续恢复了凭票证限量供应的办法。

“第二货币”见证米袋子供应变化

很多老人都还清楚地记得，统购包销时期许多票证都以编号表示。每月发下来一大沓票证，还要分上、中、下旬。居民迁徙户口必须考虑它，在当年城镇居民迁徙户口时，有一个特殊的关系叫做“粮食关系”。对于拥有城镇户口的居民来说，“粮食关系”与城镇户口同等重要。如果居民想到另外一个城市工作，除需办理户口转移手续外，还必须办理“粮食关系”的转移。没有“粮食关系”，等同于没法吃饭。同样，如果没有粮票，只有钱也等同于没有钱，因为没有粮票就买不到粮食。

新中国成立初期，居民的收入水平低，食品消费以粮食为主，在粮食中又以玉米面、小米、高粱米等粗粮为主，粮票作为购买粮食和购买粮食制品的凭证，在很多时候充当了“第二货币”的角色，也见证了北京米袋子的供应沿革。

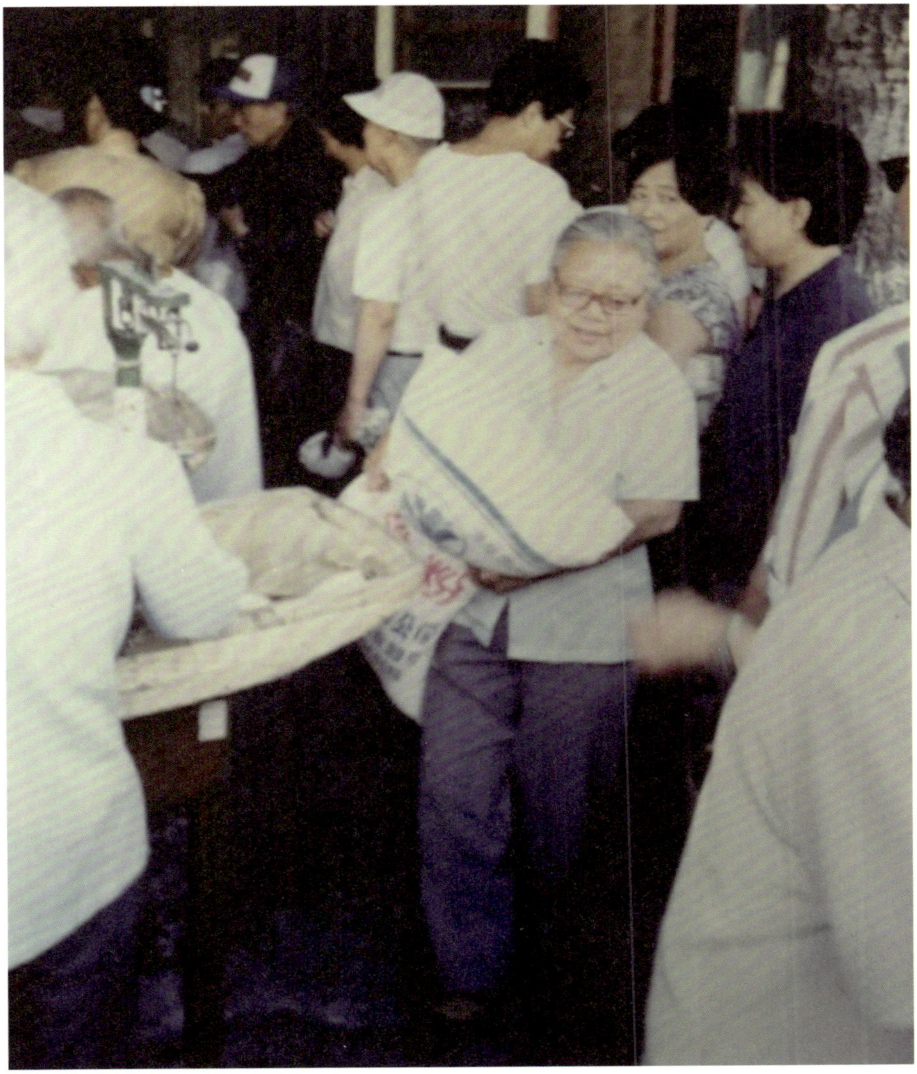

1984 年以前，北京市以供应标准粉和籼米为主，富强粉和圆粒大米（粳米）只在元旦、春节、“五一”、“十一”等节日或粮食部门库存较为充足时才能按户或按人给予定量供应（摄影：关伟）

那时，在单位食堂或饭铺吃饭要交粮票，买油条、喝豆浆要交粮票，买糕点、豆腐要交粮票，小孩送托儿所和幼儿园、病人住院要交粮票，甚至父母、子女之间互相探望和探亲访友在一起吃顿饭也要交粮票。尽管如此，广大居民仍然积极响应北京市政府关于节约用粮的号召，粮食部门也主动开展为居民储存粮票的业务，不少居民家庭精打细算，把节省下来的粮票送到粮店储存，防备日后急需。有资料记载，截至1965年年底，北京市粮店共代居民储存粮票1 750万公斤，平均每个居民储存粮票3.9公斤。居民们当月节余下来的粮票可以在月后使用。

而随着粮食供应状况日益好转，为了让居民在使用粮票上方便灵活，有利于安排生活，从1968年1月起，粮票发放办法改为“按月发放，全年使用”；1971年又改为“按季发放，分月使用，过期有效”；1974年4月，再次改为“按月发放，当年有效”。

此后，在了解了居民用粮情况后，北京市政府对发粮票和购粮日期又作了调整，规定每月24日提前发放下月的粮票，并可以于当日下午开始购买下月粮食。当时，每月24日上午，相当多的居民排队领取粮票和买粮。特别是那些子女多的家庭，吃粮更是紧张。城镇居民按口粮定量所领取的粮票，分为面票、米票、粮票三种。1975～1984年，面票占定量总额40%的年份居多数，米票占总额20%～30%的年份居多数，其余为粮票。

自党的十一届三中全会以后，粮食和各种副食品产量均有增加，市场供应也逐渐好转。据《北京志·副食品商业志》记载，在城乡居民副食品消费逐步增加的前提下，粮食消费量逐年下降。1980年城镇居民家庭人均消费粮食166. 86公斤，比1978年的182.7公斤下降8.7%；1981年为158.25公斤，比上年下降5.2%；1982年为154.78公斤，比上年下降2.2%。此后，随着粮食市场的开放，“议价粮”进入市场，居民细粮消费比例明显上升。1984年，城镇居民家庭人均消费细粮（大米、白面）132.93 公斤，占当年粮食消费总量的 93.7%，1985 年 126.55 公斤，占粮食消费总量的 96.6%。城镇居民家庭吃粮已经基本实现细粮化，食用粗粮很少。食用的细粮方面，1984 年以前以标准粉和籼米为主，富强粉和圆粒大米（粳米）只在元旦、春节、“五一”、“十一”等节日或粮食部门库存较为充足时才能按户或按人给予定量供应。

价格松绑，粮票谢幕

1985 年起，北京市向居民供应粮食由凭票限量逐步向放开供应转变，由国营粮店独家经营向多种经济类型、多种渠道经营转变，逐步活跃了粮食市场。在粮食收购上，根据中共中央、国务院的规定，取消粮食统购，实行合同定购，将收购粮食的数量以合同的形式固定下来，合同定购粮食品种为小麦、稻谷和玉米，其他品种一律放开。定购价格按“倒三七”比例价（即三成按原统购价，七成按超购加价价格）计算。在粮食收购改革的同时，压缩统销粮食范围也在加大力度。北京市和全国一样实行粮油购销政策“双轨制”，即将计划内（平价）粮油“管死”的同时，将计划外（议价）粮油放开。几年中，随着粮食产量的提高和人民群众生活质量的改善，计划内数量越来越少，计划外数量逐渐加大。

1993 年 5 月 10 日，北京市政府决定正式取消粮票和居民购粮本。它标志着经过三十多年的漫长历程，凭票证限量供应商品的办法正式退出历史舞台。至此，粮食购销彻底市场化。

为保证改革顺利出台，北京市政府规定从 5 月起，按正式户口每人每月增发 10 元的粮价补贴，改一部分暗补为明补；还规定自 5 月 6 日至 5 月底，居民仍可按四五月的粮票限量购粮；粮食市场放开后，又同时制定了主要粮食品

1993 年 5 月 10 日，北京市政府决定正式取消粮票和居民购粮本。它标志着经过三十多年的漫长历程，凭票证限量供应商品的办法正式退出历史舞台（摄影：关伟）

种的最高限价。

然而当年 10 月，新粮上市，由于刚刚放开的粮食市场没有有效的调控手段，从沿海地区抢购粮源引起的“抢粮大战”很快影响北京市场，购价上涨，农民惜售，带动了销价，粮价又影响肉、蛋、菜价上涨，一时市场十分紧张。为此，市政府采取紧急措施，宣布从 12 月 19 日起，对 21 种主要粮油、肉、蛋、菜实行限价，各级主管部门加强检查，暂时稳住了市场。1995 年又根据国内贸易部的要求，全市确定 800 家国营定点粮店，挂牌销售市场调节粮，保证了供应。

在生产上，粮油食品加工企业在坚持生产富强粉、标准粉、大米和散装食油，保证供应的同时，努力调整产品结构，增加粮油小包装产品，大力发展粮油食品和复制品，生产的小包装粮油和各种食品达 300 多种，丰富繁荣了市场。从 1996 年起，我国粮食连年丰收，粮食供应达到自给有余。针对粮食流通市场化加快的形势，1998 年 5 月，国务院发出《关于进一步深化粮食流通体制改革的决定》，利用宏观经济环境明显改善，粮食供求情况较好的有利时机，加快粮食流通体制改革的步伐。北京市提出贯彻国务院粮改精神，实行“四分开一完善”的基本原则：政企分开、市与区（县）政府粮食事权分开、粮食储备与经营分开、新老财务挂账分开，完善粮食价格机制。

1999 年 7 月，北京粮食集团有限责任公司成立，国有粮食企业从此独立经营。政企分开后的北京市粮食局作为粮食行政管理部门则把主要工作转移到指导、协调、监督和服务上来，重点是建立公正、公平的交易规则，成为经济运行过程的调节者，市场行为方式的制定者以及行业发展战略规划的制定者。

值得注意的是，随着市场开放和居民消费水平的提高，城乡居民购买粮食支出在食品支出中所占比重大幅度下降。据《北京志·人民生活志》记载，

1997年，城镇居民家庭人均消费粮食82.95公斤，比1989年下降20.4%，比1978年下降54.6%。粮食消费量虽然下降，但由于消费富强面粉和圆粒大米等优质品种粮食比重增加，粮食价格上升幅度也高于其他食品的上升幅度，粮食消费支出在食品消费支出中的比重也有所上升。

链 接

1953～1995年主要粮油供应政策变化情况

北京市的粮食供应，主要依靠全国各主要产区调入。由于粮食的来源（包括数量和品种）历年变动较大，因此，粮食供应办法、措施以及供应品种（如粗细粮比例）随着粮食调入数量、品种的变化而不断变化。

1953年：

11月起，根据北京市小麦调入和面粉供应情况，实行了面粉计划供应的办法。市镇居民按正式户口每人每月发8斤面票；机关企业等职工由所在单位增发4斤面票；铁路职工和100人以上的工矿、建筑、交通、装卸工人增发10斤面票。粮店凭面票供应面粉。

12月，大米、粗粮全部实行统销。按户发给粮食供应证（简称粮证），凭证到指定粮店购粮，填证不限量。

1955年：

5月起，实行机关集体伙食单位计划供应，机关单位按需要报计划，由所在区（县）粮食科核批填写在粮证上，凭证到指定粮店购买。

6月起，实行居民计划供应，以户为单位由派出所粮油核批小组审批，填在粮证上，凭证到指定粮店购粮。

11月，改为按人定量，居民以户、机关集体户口按单位发给（按人定量）粮证，凭证在定点粮店供应。机关职工需要在机关食堂吃饭的可凭粮证领取需要的粮票到单位入伙。

12 月起，为方便群众改为全部发粮票。粮票当月有效，粮店凭票验证供应。

1956 年：

12 月起，又根据居民群众和粮店意见改为票、证结合的办法，即同于 1955 年 11 月刚开始按人定量供应方法，凭粮证供应，取票登记。

1959 年：

1 月起，面粉改按定量数的 20% 供应，此后供应比例不断调整，但在三年国民经济困难时期口粮供应采用低标准。

5 月起，大米供应由不限量改为按比例供应。

1961 年：

1 月，因凭粮证供应弊病多，涂改套购、多登漏登、超供等现象屡有发生；同时又因粮店登证效率低、手续繁、差错多等缘故，又改为全部发粮票，凭票验证供应的办法。粮票仍为当月有效。

1963 年：

11 月起，为方便群众节约粮食归己，粮店开始办理为居民代存粮票的业务，存取自愿，存粮票取粮票，存面票取面票。

1968 年：

1 月起，粮票由当月有效改为长期有效。

1978 年：

5 月，开始发放使用大米票，工种补差粮按 20% 发给米票，兑换全国粮票按比例发给大米票。

1979 年：

8 月，粮店开始经营高价粮食。

1982 年：

4 月，从 1982 年粮食年度开始，中央对各省、市、自治区实行粮食征购、销售、调拨包干一定三年的办法。

1983 年夏季起，在完成粮油统购任务以后，实行多渠道经营。

1984年3月起，城镇居民凭米、面票可自由选购米、面。行业用米、面，在计划指标内也可自由选购。

1984年，缩小统购统销范围，扩大自由购销。粮油收购方面：国家只统购小麦、大米、玉米三个品种；其余都敞开。退出统购的品种，同时退出统销。粮油供应方面，在继续执行粮油定量供应的前提下扩大议价销售。

1984年5月20日开始，富强粉凭地方米、面票敞开供应。

1985年4月起，取消统购，改为合同定购，定购品种为小麦、大米、玉米三个品种。

1986年8月，整顿饮食业价格，对本市统一售价的47种小吃和主食品种，除量大、面广、影响较大的馒头、花卷、油饼、油条、火烧、面条等18种大众化主食和小吃品种继续执行统一售价外，其他如煎饼、薄脆、焦圈、芝麻酱烧饼、小米粥、烫面炸糕、家常饼等29种风味小吃品种的价格全部放开，实行市场调节。

1986年和1987年中央对地方分别实行粮食购、销、调包干一年一定管理办法。

1986～1990年，对本市郊区生产稻谷继续实行增购增销办法，即农民留足种子、口粮外，全额议价收购，返还同等数量的小麦、玉米（小麦占70%、玉米30%）。

根据1988年9月国务院《关于加强粮食管理、稳定粮食市场的决定》（国发〔1988〕67号）规定，从1988年秋季开始，大米由粮食部门统一收购，其他部门、单位和个人不得经营。国家对省间“议转平”大米调拨实行指令性计划，并规定合理的价格，调出地区必须保证完成。

1988～1990年，中央对地方实行粮食购、销、调和差价款包干，一定三年不变，销售中只考虑人口增长，按非农业销售1.5%增长。在中央确定的包干指标内各地多购少销的好处归地方，少购多销增加的支出由地方负责。

1990年夏季，开始收购国家专项储备小麦粮权归中央，由商业部代国务院管理，服从中央统一调度，未经国务院批准，地方不得动用。中央结算价格每500克0.46元，北京市收购价格每500克0.51元。

1991年1月1日起，取消居民、招待所、医院、幼儿园、运动员及会议用餐等的好大米供应。从北京市郊区用增购增销办法收购的平价大米退出节日平价供应，转为定量外销售。除特供部分仍按平价供应外，对居民按米换面的办法销售（收面票）。

1992年6月1日起，全市粮店对居民购粮改变原划片定点供应的办法，居民购粮可凭粮票和粮证在全市范围内的粮店购买。

1992年8月10日起，放开议价粮油价格管理，取消对经营议价粮油利润率及差价率的控制。

1993年5月10日起，放开粮油购销价格。收购价：放开郊区合同定购粮油的定购价格；销售价：放开军供粮油以外所有粮油及其制品的统销价格；军供粮油价格继续执行现行统销价格不变。

1993年12月19日起，对粮油肉蛋菜的21个主要品种零售价格实行最高限价。其中限价粮油品种和价格为：每500克富强粉0.78元，标准粉0.65元，圆粒大米0.80元，富强粉切面0.85元，富强粉挂面1.05元（后于1994年2月25日放开）。

1995年11月15日起，放开行业用面粉、大米价格，由企业根据作价办法自行制定。除居民口粮、机关企业事业食堂用粮外，饮食、糕点、副食、酿造等单位及粮食部门独立核算的加工生产粮食制品的单位均属行业用粮范围，一律执行行业用面粉、大米价格，不供应限价面粉、大米。

（资料来源：《北京志·粮油商业志》）

田头的转移

“无粮不稳，无粮则乱”。

粮食，是人类赖以生存的重要物品，国民经济之基础，与人类生存、经济发展、社会安定密切相关，在人类历史和社会进步占有十分重要的地位。从“广积粮”“无粮则乱”“手中有粮、心中不慌”到毛泽东主席提出的“以粮为纲，全面发展”的农业生产方针，都显示出我国历来对粮食问题的高度重视，也显示了粮食资源对一般老百姓的重要性。而要想保证粮食资源的充足，发展粮食生产是根源问题。

新中国成立以来，北京市郊区粮食生产取得了快速而明显的增长，北京市郊区在1950年春季全面完成土地改革
图为农民在土改中分配土地

本地垦荒植稼的发展

北京市位于华北平原的西北端，山区占总面积的2/3，地域类型复杂多样。耕地主要分布于平原、山前丘陵和山间盆地。几千年来，在这片广袤的土地上，农民主要从事种植生产。

农作物种植作为农村基础产业，是提供维系温饱和副食消费的生活必需品，从古至今都是城乡居民赖以生存的基本保障。北京地区的垦荒植稼，在两千多年前的历史典籍《周礼·职方》中就有记载："东北曰幽州……谷宜三种"（三种指黍、稷、稻）。历史上北京地区的粮食作物种植以旱作为主，有水源的地区种植水稻，一年一熟。由于受战争、政治变革和旱、涝、风、雹、虫、病等自然灾害的影响，粮食产量低而不稳。到20世纪40年代，北京地区粮田平均亩产只有60～70公斤。

新中国成立以来，北京市郊区粮食生产取得了快速而明显的增长，北京市郊区在1950年春季全面完成土地改革。北京市人民政府颁布了保护农民土地使用权，鼓励开荒；鼓励农民增添农业设备，改良土壤发展农田水利；确定农业税收政策，鼓励农业增产；增收不增税和借贷自由等发展农业生产的奖励政策，激发了农民发展生产的积极性。

党的十一届三中全会召开后，全党工作重心转向经济建设。北京市委、市政府提出了"服务首都，富裕农民，建设社会主义现代化新农村"的工作方针，通过不断调整和完善农村经济政策，实行家庭联产承包和统分结合、双层经营体制，逐步放开农产品流通，极大地调动了农民的生产积极性。同时，组织实施"菜篮子""米袋子"工程，加大物质、财力投入，引进现代设备、技术，生产条件得到了明显改善。1979～1991年，北京市农业生产快速发展，是新中国成立以来发展最快的时期。

粮食生产坚持提高单产、稳定总产的方针，从市到县(区)、乡(镇),层层落实岗位责任制，抓住关键作物、关键生产季节和关键增产措施，开展评比检查和高产竞赛，收效显著。据《北京志·农村经济综合志》记载，1991年，全市粮食平均亩产提高到640.8公斤，比1978年增长68.5%。在粮田面积逐年缩减的情况下，依靠单产的大幅度提升，1991年粮食总产达到27.97亿公斤，比1978年增长了50.4%，农村人均粮食占有量达到715.9公斤，为1949年的4倍。

1992年春，邓小平视察南方重要讲话发表后，党的十四大明确提出了建立社会主义市场经济体制的目标。北京农村深化改革，在进行农业适度规模经营探索的同时，延长土地承包期、允许农地使用权流转、建立农产品市场体系、放开农副产品价格等政策举措陆续出台，进一步促进了农业生产的发展，农业综合生产能力发展到新的水平。粮食总产量稳定在25亿公斤以上。

1995年，北京地区农业总产值达到904 309万元，比1978年的330 483万元增长173.6%。但在当年，粮食作物占耕地面积由1980年的33.2万公顷减少到25.9万公顷，占总耕地面积的比重由78%下降到65.7%。由于城乡居民消费水平的提高，出现了一般性农产品供给偏大，优质、高档、多样化的农产品供给不足。同时，随着农产品流通全面放开和大市场的形成，北京农业土地价格高、物质消耗和人工成本开支大、农产品类别和档次单一、质量不高等弊病，在市场竞争中日益显露。这促使北京调整农业结构，优化资源配置，推动产业升级，帮助农民致富。

种养业生产发挥紧邻城市市场、生产手段与农艺技术比较先进的优势，由大路产品转到优质、鲜活、无污染、多品种的高档产品上来。扩大种植优质专用小麦、高含油量和鲜食（甜、糯、黑）玉米、优质小杂粮，制定安全生产标准，严格质量监督检查，改进加工和包装。上市产品花色多样，质优物美，受到消费者青睐。

外埠粮食主产十三大省

在计划经济时期，长江三角洲、珠江三角洲地区和浙江、广东等东部沿海地区都是中国的粮食主产区。改革开放以来，随着计划经济体制向市场经济体制转型的不断深入，南方沿海诸省发展外向型经济的区位条件优势日益凸显，获得国家丰厚政策资源的南方粮产区在土地以外的投资领域扩大，非农获利机会增加，农业比较收益下降，致使农民的资源配置行为发生了变化。经济发达的沿海地区尤其是东南沿海、长江三角洲地区在国家特殊优惠政策的支持下，非农产业特别是乡镇企业迅速发展，使农民家庭收入结构发生了重大变化。土地用于粮食生产的机会成本越来越高，受利益驱动，南方沿海粮产区用于粮食生产的土地大量转用于利润更高的其他产业。

此外，由于种植经济作物效益高于种植粮食作物，不可避免地会出现粮经作物争地的现象。但这种现象在南北方之间也存在差异，南方水热资源充足，气候资源具有多宜性，生产条件较好，加之价格政策因素的影响，种植经济作物的收益比种植粮食作物高出许多，导致粮食播种面积下降较多。北方受特定的自然条件、市场因素、加工规模等条件限制，种植经济作物往往不如种粮，农民即使面对种粮效益下降的困扰，但从总的趋势看，种植粮食不失为农民资源配置中的最优选择，即北方种粮在农业内部各业中尚有一定优势，因而粮食播种面积较稳定。

出于这些原因，20 世纪 50 年代以来，中国粮食种植面积在不同区域发生了消长不同的变化。以浙江省为例，有资料显示，粮食种植面积在 20 世纪 50 年代为 326.35 万公顷，到了 20 世纪 90 年代下降到 293.99 万公顷，2008 年进一步下降到 127.16 万公顷。广东等省的粮食种植面积变化与浙江省具有相同的趋势。与此相反，北方一些省份粮食种植面积则呈增长的趋势。以黑龙江省为例，粮食种植面积在20世纪50年代为604.76万公顷，到了90年代扩大到767.27万公顷。

2000年以后，黑龙江省的粮食种植面积继续呈扩大趋势，2008年黑龙江省的粮食种植面积达1 098.89万公顷，是20世纪50年代的1.82倍。半个多世纪中，粮食种植面积呈增加趋势的省份有9个，包括内蒙古、吉林、黑龙江、江西、贵州、云南、西藏、宁夏、新疆。在种植面积增加的省份中，增幅也呈现较明显差别。例如，贵州、云南、宁夏等省份的种植面积与自身相比呈现较大增幅，但由于原来起点较低，所以增长后的种植面积占全国的比例不大，原来起点较高且增幅较大的省份主要位于东北地区。

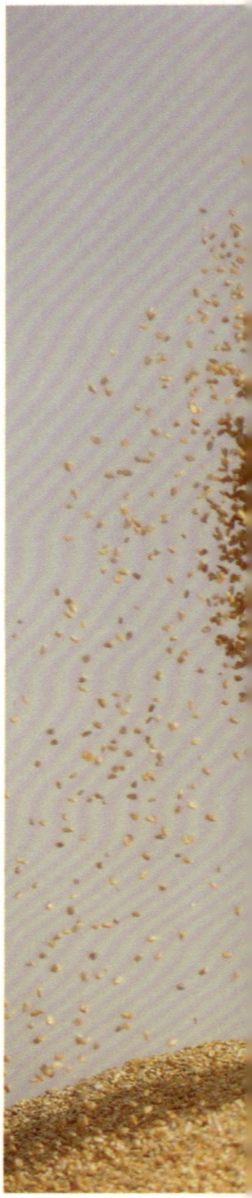

从粮食种植区划上看，粮食生产主要分布于长江中游区、黄淮海区和东北区，根据国家财政部在2003年年末发布的《关于改革和完善农业综合开发若干政策措施的意见》的文件，粮食主产区将包括东北地区的黑龙江、吉林、辽宁，华北地区的内蒙古、河北，华东地区的山东、江苏、安徽，华中地区的河南、湖北、湖南、江西，西南地区的四川，共计13个省份确定为我国粮食主产区。

这些粮食主产区生产条件好，粮食产量高，粮食生产具有比较优势，适合进行较大规模的粮食生产，并且在满足本区域内的粮食消费外，还能够向其他区域进行商品粮输出。

1990年以来，我国13个粮食主产区粮食生产对我国粮食安全做出了重大贡献。2013年中国粮食实现了新中国成立以来的首"十连增"，全国粮食总产量60 195万吨，比2012年增加1 238万吨，

2000 年以后，黑龙江省的粮食种植面积继续呈扩大趋势
图为 2014 年 11 月辽宁省沈阳市粮食收购启动

增长 2.1%，成功实现“十连增”，其中粮食产量在 3 000 万吨以上的内蒙古、河南、山东、吉林、江苏、四川、河北、安徽 8 个粮食主产区的粮食总产量高达 33 251. 7 万吨，占全国粮食总产量的比重为 55.2%。可见，粮食主产区已经担负起了中国粮食安全的重任。

链 接

2010 ~ 2014 年我国粮食主产区粮食产量

单位：万吨

地 区	2014 年	2013 年	2012 年	2011 年	2010 年
河 北	3 360.17	3 364.99	3 246.60	3 172.60	2 975.90
内蒙古	2 753.01	2 773.00	2 528.50	2 387.51	2 158.20
辽 宁	1 753.90	2 195.60	2 070.50	2 035.50	1 765.40
吉 林	3 532.84	3 551.02	3 343.00	3 171.01	2 842.50
黑龙江	6 242.19	6 004.07	5 761.49	5 570.60	5 012.80
江 苏	3 490.62	3 422.99	3 372.48	3 307.76	3 235.10
安 徽	3 415.83	3 279.60	3 289.10	3 135.50	3 080.49
江 西	2 143.50	2 116.10	2 084.80	2 052.79	1 954.69
山 东	4 596.60	4 528.20	4 511.40	4 426.29	4 335.68
河 南	5 772.30	5 713.69	5 638.60	5 542.50	5 437.09
湖 北	2 584.17	2 501.30	2 441.81	2 388.53	2 315.80
湖 南	3 001.26	2 925.74	3 006.50	2 939.35	2 847.49
四 川	3 374.90	3 387.10	3 315.00	3 291.60	3 222.90

（数据来源：国家统计局）

2010年十三省主要粮食作物播种面积表

单位：千公顷、%

地 区	稻谷		小麦		玉米	
	总播种面积	比重	总播种面积	比重	总播种面积	比重
河 北	84.5	1.4	2 412.4	39.1	2 862.6	46.4
内蒙古	79.9	1.6	533.4	10.4	2 012.5	39.3
辽 宁	660.6	21.1	12.4	0.4	1 998.6	63.9
吉 林	669.9	15.50	5.4	0.10	2 853.7	65.8
黑龙江	2 253.2	20.8	233.0	2.2	3 883.6	35.9
江 苏	2 228.1	42.7	2 039.1	39.1	391.2	7.5
安 徽	2 205.2	34.0	2 330.3	36.0	710.4	11.0
江 西	3 194.3	90.6	11.2	0.3	15.5	0.4
山 东	130.5	1.9	3 519.1	50.7	2 854.2	41.1
河 南	600.0	6.3	5 213.3	55.1	2 779.2	29.4
湖 北	1 978.8	49.7	1 096.3	27.50	436.3	11.0
湖 南	3 897.2	86.0	13.6	0.3	220.2	4.9
四 川	2 036.2	31.6	1 316.8	20.4	1 330.5	20.6

（数据来源：《中国农业年鉴2011》）

新闻链接

农业部加大对13个粮食主产省财政奖补力度

中国网1月24日讯 今年中央农村工作会议提出了“以我为主、立足国内、确保产能、适度进口、科技支撑”的国家粮食安全战略，在农业部新闻办公室今日举行的新闻发布会上，种植业管理司司长曾衍德表示，这是着眼我国的国情、农情和粮情提出的新战略，保障国家粮食安全，最根本的还是要确保产能的提升，加快建设一批产粮大市大县。

据曾衍德介绍，目前粮食产量超50亿公斤的地市有30多个，产量超5亿公斤的产粮大县有400多个，这是我国粮食安全的主力军。我们要在抓好13个粮食主产省的同时，政策重点向这些产粮大市大县倾斜，重点是加大对产粮大县的财政奖补力度，完善利益补偿机制，着力解决经济弱县、工业小县、财政穷县的问题，让种粮大县经济上得实惠，打造一批基础条件好、生产水平高的粮食核心产区。

（2014年1月24日 中国网）

第二章

手中有粮，心中不慌

“无粮不稳，无粮则乱”。为了保障粮食生产，确保饭碗永远端在自己的手上，强农、惠农、富农政策不断出台，为我国的粮食安全提供了政策保障。

生产保卫战

民以食为天，食以粮为源。对于中国十几亿人口来说，粮食问题尤为重要，如果遇到自然灾害，出现粮食缺口，粮食问题就会带来严重的社会影响。

随着北京城市化进程的不断开展，北京市的粮食种植面积和产量均呈下降趋势，有数据表明，2001 ～ 2009 年，北京市小麦种植面积减少约 17%，而同期的稻谷种植面积减少 94%，粮食播种面积下降直接导致了产量的减少，至 2010 年北京市的粮食自给率仅为 17%。

与此同时，北京市作为消费型城市，对粮食的消费需求量大，因此，北京及全国市民米袋子的安全与稳定受着我国粮食生产情况的影响，我国粮食生产问题对保障民生极为重要。

“十二连增”是怎样炼成的

党的十八大以来，面对错综复杂的国内外经济形势和自然灾害多发频发的不利影响，党中央始终坚持把解决好“三农”问题作为全党工作的重中之重，提出了关于“三农”发展的新理念、新思想、新战略，出台了一系列强农、惠农、富农政策，农业稳定增长，为经济社会持续稳定健康发展奠定了坚实的基础，提供了强大支撑。

习近平总书记强调，“中国人的饭碗任何时候都要牢牢端在自己手上。我

2015 年 6 月 5 日，河北省邯郸市成安县北阳村村民在收获小麦，当年全国粮食总产量实现了“十二连增”

们的饭碗应该主要装中国粮。”党中央、国务院高度重视粮食生产，在一系列政策支持下，党的十八大以来粮食生产连年丰收。

2013 年，我国粮食产量历史上首次突破 6 000 亿公斤，2014 年和 2015 年粮食产量屡创新高，分别达到 6 070.5 亿公斤和 6 214.5 亿公斤，这标志着我国粮食生产水平稳步跨上 6 000 亿公斤新台阶，粮食综合生产能力实现质的飞跃。

2015 年，全国粮食总产量实现了“十二连增”。国家统计局公布的全国粮食生产数据显示，2015 年全国粮食总产量达到 62 143.5 万吨，比 2014 年增长 2.4%。其中，全国粮食播种面积 113 340.5 千公顷，比 2014 年增加 617.9 千公顷，增长 0.5%。全国粮食作物平均单产每公顷 5 482.9 公斤，每公顷比 2014 年增产 97.8 公斤，提高 1.8%。党的十八大以来的粮食连年增产，是在 2004 ~ 2012 年连续 9 年增产、起点较高的情况下取得的，实属不易。

此外，我国粮食人均占有量提高。2015 年人均粮食占有量达到 453 公斤，比世界平均水平高 53 公斤，比 2012 年提高 17 公斤。稻谷、小麦、玉米等主要粮食作物的自给率超过了 98%，依靠国内生产确保国家粮食安全的能力显著增强。

我国粮食产量实现“十二连增”主要是由于“政策好”“天帮忙”“人努力”“科技强”等因素。

“政策好”使得“人努力”，播种面积增加。由于党中央、国务院高度重视粮食生产，中央财政继续加大强农惠农支持力度，及时下拨 2015 年粮食直补、良种补贴等各种补贴资金，稳定了农民的种粮收入预期。

“天帮忙”，由于农业气象条件良好，灾害较轻。2015 年，我国粮食主产省大于 10℃积温、降雨量、累计日照时数普遍高于 2014 年。虽然南方部分地区阶段性强降水、北方部分地区一段时间出现干旱等造成局部灾害，但全国农业气象灾害总体较轻。

2015 年，各地继续加强农业科技投入，不断加大良种繁育和测土配方推广应用，免费为 1.9 亿农户提供测土配方施肥技术服务，“科技强”使得粮食单产提高。

农业种植结构调整也是“十二连增”的因素之一。由于种植棉花、油菜籽等费工费时，比较效益较低，一些地区调减棉花和夏收油菜籽种植面积，扩大了冬小麦、玉米等粮食种植面积。如江淮部分地区棉花播种面积减幅接近 30%。因播种面积扩大而增产粮食约 23.5 亿公斤，对粮食增产的贡献率为 23.1%。

此外，农业生产措施得力，特别是在部分地区发生灾情后，多部门联动合作，加强气象灾害监测预警、开展病虫害统防统治，有效减轻了灾害损失。因单产提高增产粮食约 221 亿斤，对粮食增产的贡献率为 76.9%。

链接

我国粮食产量发展阶段

改革开放以来，我国粮食产量总体呈较快增长态势。2013 年全国粮食产量达 60 194 万吨，较 1978 年增长 97.5%，年均递增 2.0%，具体可分为 4 个阶段。

第一阶段（1978 ~ 1984 年）：粮食产量持续大幅增长。1978 ~ 1984 年，全国粮食产量年均增长 5.0%。在这一阶段，粮食增长主要受单产水平提高驱动。1984 年，全国粮食播种面积较 1978 年下降 6.4%，但粮食单产则增长 42.8%。

第二阶段（1985 ~ 1998 年）：粮食产量波动中增长，增速有所下降。单产水平提高仍是该阶段粮食总产量提高的主要驱动因素。1998 年较 1984 年全国粮食总产量增加 10 499 万吨，增长 25.8%，年均增长 1.7%。其中，粮食播种面积增长 0.8%，单产提高 24.8%。

第三阶段（1999 ~ 2003 年）：粮食产量持续减产。该阶段的突出特点是：不仅粮食播种面积有较大程度减少，单产水平也有所降低。2003 年，全国粮食产量仅为 43 070 万吨，较 1998 年减少 15.9%，年均递减 3.4%，为 1990 年以来的最低水平。

第四阶段（2004 ~ 2013 年）：粮食产量持续增加。2003 ~ 2013 年，全国粮食增产 17 124 万吨，增长 39.8%，年均增长 3.4%，其中播种面积增长 12.6%，单产增长 24.1%，对粮食增产的贡献分别为 31.7% 和 68.3%，粮食播种面积的扩大和单产水平的提高，同时支撑着粮食总产量的增加。

（资料来源：国家统计局）

新闻链接

国家统计局关于2016年夏粮产量数据的公告

根据对全国25个注夏粮生产省、区、市的调查，2016年全国夏粮播种面积、单位面积产量、总产量如下：

一、全国夏粮播种面积27 632.4千公顷（41 448.7万亩），比2015年增加7.1千公顷（10.7万亩），增加0.03%。其中谷物播种面积24 008.2千公顷（36 012.3万亩），比2015年减少26.3千公顷（39.4万亩），减少0.1%。

二、全国夏粮单位面积产量5 039.7公斤/公顷（336.0公斤/亩），比2015年减少60.0公斤/公顷（4.0公斤/亩），减少1.2%。其中谷物单位面积产量5 358.3公斤/公顷（357.2公斤/亩），比2015年减少59.6公斤/公顷（4.0公斤/亩），减少1.1%。

三、全国夏粮总产量13 926.0万吨（2 785.2亿斤），比2015年减产162.1万吨（16.2亿公斤），减少1.2%。其中谷物产量12 864.3万吨（1 286.45亿公斤），比2015年减产157.2万吨（15.7亿公斤），减少1.2%。

（来源：国家统计局）

“十二五”时期千方百计促生产

我国是个农业大国，同时也是人口大国，农业是国民经济的基础，粮食生产是基础中的基础，要保证13亿人有粮吃，就必须保持粮食的稳定可持续增长。然而，我国粮食生产能力依然不稳固。

近年来，国家非常重视粮食生产，不断增加投入，积极推广优良品种和先进的农业科学技术，粮食产量连年丰收。为了推动粮食生产稳定发展，国家持续加大实行粮食补贴的政策力度，以提高农业综合生产力为目标，加强农田水利基本建设，改善基础生产条件，合理利用水资源，推广优良品种，保护耕地，推动粮食生产向优质高效高产方向发展。

“十二五”时期以来，我国始终把千方百计保障粮食等主要农产品有效供给作为农业农村工作的首要任务，农产品供给水平显著提升。我国水稻、小麦、玉米三大谷物自给率保持在98%以上，粮食人均占有量达到450公斤，高于世界平均水平。同时，农民收入实现新跨越，2015年全国农民人均可支配收入达到11 422元，突破了1万元大关，比1978年增长了85倍。年农业科技进步贡献率超过了56%，我国农业发展已经从过去主要依靠增加资源要素投入转向了主要依靠科技进步，农业的生产方式已由千百年来以人力畜力为主转为以机械作业为主。

“三农”事业之所以取得如此辉煌的成就，最根本的是以习近平同志为总书记的党中央高瞻远瞩、总揽全局，持之以恒强化农业、建设农村、富裕农民。概括起来主要体现在三个方面：一是得益于中共中央始终坚持把“三农”作为全党工作“重中之重”不动摇。特别是党的十八大以来，一系列新理念、新论断、新举措丰富和发展了党的“三农”政策理论，为推动农业农村持续健康发展提供了强大思想武器和重要指引。党中央、国务院坚持在宏观调控中加强农业，持续增加“三农”投入，不断加大农业补贴力度，为促进农业增产、农民增收、农村稳定发挥了重要作用。二是始终注重保护和调动农民的积极性。“十二五”期间，坚持实行小麦、水稻最低收购价政策，稳定和完善玉米临时收储政策，启动实施新疆棉花、东北四省区大豆目标价格改革试点，继续实施粮油和生猪大县奖励补贴、农业防灾减灾生产补助、退耕还林还草等一系列补贴补助政策，保护和调动了广大农民的积极性。三是始终坚持把改革创新作为根本动力。“十二五”时期以来，按照中央要求，农村土地制度、集体产权制度、城乡发展一体化体制机制等方面改革扎实有效推进，有效激发了农业农村发展活力。实践证明，改革创新始终是推进农业农村发展的利器和制胜法宝。

链 接

2015 年粮食播种面积、单位面积产量及总产量情况

	播种面积（千公顷）	单位面积产量（公斤 / 公顷）	总产量（万吨）
全年粮食	113 340.5	5 482.9	62 143.5
一、分季节			
1. 夏粮	27 692.3	5 096.0	14 112.0
2. 早稻	5 715.4	5 894.8	3 369.1
3. 秋粮	79 932.8	5 587.5	44 662.4
二、分品种			
1. 谷物	95 648.9	5 982.9	57 225.3
其中：玉米	38 116.6	5 891.9	22 458.0
稻谷	30 213.2	6 892.5	20 824.5
小麦	24 141.3	5 392.7	13 018.7
2. 豆类	8 851.6	1 794.0	1 588.0
3. 薯类	8 840.0	3 767.1	3 330.1

（数据来源：国家统计局）

2015 年全国及各省（区、市）粮食产量

地区	播种面积（千公顷）	单位面积产量（公斤 / 公顷）	总产量（万吨）
全国总计	113 340.5	5 482.9	62 143.5
北　京	104.5	5 996.6	62.6
天　津	350.0	5 192.2	181.7
河　北	6 392.5	5 262.1	3 363.8
山　西	3 287.2	3 831.8	1 259.6
内蒙古	5 726.7	4 936.6	2 827.0

辽 宁	3 297.4	6 073.1	2 002.5
吉 林	5 078.0	7 182.1	3 647.0
黑龙江	11 765.2	5 375.1	6 324.0
上 海	161.9	6 921.2	112.1
江 苏	5 424.6	6 565.1	3 561.3
浙 江	1 277.8	5 886.4	752.2
安 徽	6 632.9	5 334.2	3 538.1
福 建	1 193.2	5 540.5	661.1
江 西	3 705.6	5 798.6	2 148.7
山 东	7 492.1	6 290.2	4 712.7
河 南	10 267.2	5 909.2	6 067.1
湖 北	4 466.0	6 053.0	2 703.3
湖 南	4 944.7	6 073.1	3 002.9
广 东	2 505.8	5 419.9	1 358.1
广 西	3 059.3	4 983.9	1 524.8
海 南	375.6	4 898.4	184.0
重 庆	2 234.0	5 169.7	1 154.9
四 川	6 453.9	5 334.4	3 442.8
贵 州	3 114.9	3 788.1	1 180.0
云 南	4 487.3	4 181.5	1 876.4
西 藏	176.6	5 680.3	100.3
陕 西	3 073.5	3 991.5	1 226.8
甘 肃	2 849.6	4 109.8	1 171.1
青 海	277.1	3 707.5	102.7
宁 夏	770.4	4 835.7	372.6
新 疆	2 395.0	6 351.8	1 521.3

（数据来源：国家统计局）

“十三五”时期站上新起点

2015 年，党的十八届五中全会会上讨论和通过了 2016 年《国民经济和社会发展第十三个五年规划纲要（草案）》（以下简称《规划纲要（草案）》），提出，农业是全面建成小康社会和实现现代化的基础，必须加快转变农业发展方式，着力构建现代农业产业体系、生产体系、经营体系，提高农业质量效益和竞争力，走产出高效、产品安全、资源节约、环境友好的农业现代化道路。

《规划纲要（草案）》提出，要增强农产品安全保障能力，确保谷物基本自给、口粮绝对安全，调整优化农业结构，提高农产品综合生产能力和质量安全水平，形成结构更加合理、保障更加有力的农产品有效供给。提高粮食生产能力保障水平，加快推进农业结构调整，推进农村一二三产业融合发展，确保农产品质量安全，促进农业可持续发展，开展农业国际合作。

《规划纲要（草案）》提出，要构建现代农业经营体系，以发展多种形式适度规模经营为引领，创新农业经营组织方式，构建以农户家庭经营为基础、合作与联合为纽带、社会化服务为支撑的现代农业经营体系，提高农业综合效益。发展适度规模经营，培育新型农业经营主体，健全农业社会化服务体系。

《规划纲要（草案）》提出，要提高农业技术装备和信息化水平，健全现代农业科技创新推广体系，加快推进农业

2016年3月7日，十二届全国人大四次会议新闻中心举行记者会，农业部部长韩长赋、新闻发言人叶贞琴就“转方式调结构 加快发展现代农业”的相关问题回答中外记者的提问

机械化，加强农业与信息技术融合，发展智慧农业，提高农业生产力水平。提升农业技术装备水平，推进农业信息化建设。

《规划纲要（草案）》提出，要完善农业支持保护制度，以保障主要农产品供给、促进农民增收、实现农业可持续发展为重点，完善强农惠农富农政策，提高农业支持保护效能。持续增加农业投入，完善农产品价格和收储制度，创新农村金融服务。

2016年4月11日，在中央宣传部、中央直属机关工委、中央国家机关工委、教育部、中央军委政治工作部、北京市委在京举办“展望十三五”系列报告会第二场报告会上，农业部党组书记、部长韩长赋围绕粮食问题指出，“十三五”时期不追求粮食连续增产，但要巩固提高粮食产能，只要市场有需要，就可以产得出、供得上。目前，我国粮食生产能力依然不稳固，还存在很多隐忧。一是耕地数量减少。我国人均耕地面积仅为世界平均水平的38%，而且时空分布不合理，西北地区有土没水、西南地区有水没土，水土资源不匹配。二是耕地质量下降。优质耕地占用较多，耕作层变浅、土壤酸化、重金属污染等问题凸显。三是科技支撑能力依然不强。突出表现为，科技创新能力与国外比还有较大差距，农业信息化水平偏低，农机装备的研发和制造能力还比较弱，油菜和甘蔗收割、棉花采摘等农机作业水平还不高。

他指出，“十三五”时期要大力实施“藏粮于地”“藏粮于技”战略，夯实国家粮食安全的基础。“藏粮于地”，就是要抓住耕地保护这个根本，加快划定永久基本农田，建设粮食生产功能区和重要农产品保护区，加大旱涝保收高标准农田建设力度，实施耕地质量保护与提升行动，确保数量不减少、质量不降低。“藏粮于技”，就是要积极推进科技创新，加快发展现代种业，大力推进农业机械化和信息化，让农业插上科技的翅膀。

新闻链接

农业部："十三五"不追求粮食连续增产

据中国之声《全国新闻联播》报道，农业部部长韩长赋今天表示，"十三五"期间，我国将变"追求粮食连续增产"为"巩固提高粮食产能"，重点抓好玉米、生猪、牛奶三个品种的加减法。

2015年我国粮食产量达到6 214.5亿公斤，连续5年超过5 500亿公斤，实现历史性的"十二连增"。农业部部长韩长赋表示，"十三五"期间，粮食增产不是农业部门的目标。

韩长赋表示："目前，我国粮食生产能力依然不稳固，还存在很多隐忧。一是耕地数量减少，二是耕地质量下降，三是科技支撑能力依然不强。'十三五'我们不追求粮食连续增产，但要巩固提高粮食产能，只要市场有需要，就可以产得出、供得上。"

随着农产品价格走低，农民工就业和工资增速"双下降"，去年农民人均可支配收入增速比前年下降了1.7个百分点。韩长赋表示，要通过优化调整农业结构，提升农业效益和农民收入水平。当前，要增加高端有效供给，减少低端无效供给，首先要调减玉米。

"由于连年丰收、需求下降，目前玉米库存较多，出现阶段性剩余，到2020年调减玉米面积333.3万公顷以上，今年调减66.7万公顷以上。调减玉米，重点是种养结合、粮豆轮作，发展青贮玉米和青饲料等作物，把'粮仓'变为'粮仓'+'肉库'+'奶罐'。"韩长赋说。

针对当前高企的猪价，韩长赋预计，今年上半年猪肉价格仍将保持高位运行，但不会出现暴涨，四季度随着市场供给增加，价格会趋稳。下一步，农业部门将进一步调整优化生猪区域布局，推进规模化、标准化养殖。在"奶瓶子"方面，农业部门将加强奶源基地建设，选育优良品种，恢复国人对国产乳业的信心。

（2016年4月11日 央广网北京 记者 沈静文）

政策不松劲

古语云："仓禀实、天下安。"粮食生产是安定天下，稳定民心的战略产业。我国是一个 13 亿人口的大国，吃饭问题始终是头等大事。只有把坚持保障粮食安全作为首要任务，毫不放松地发展粮食生产，才能确保饭碗永远端在自己的手上。然后，人多地少是摆在面前的现实问题，并且存在着耕地质量偏低、质量下降等问题，这些都是影响粮食安全的严重问题。

为此，我国在粮食生产上的政策不断出台，从坚守耕地红线的"藏粮于地"，到重视和依靠农业科技进步的"藏粮于技"战略，以及通过财政投入驱动粮食生产等措施，为粮食生产的发展提供了政策保障。

保护耕地"命根子"

夯实国家粮食安全的基础，实施"藏粮于地"战略，就需要抓住耕地保护的根本。

1991 年 5 月 24 日，国务院第 83 次常务会议决定，从 1991 年起，每年的 6 月 25 日为全国土地日，会上提出"十分珍惜、合理利用土地和切实保护耕地"是我国的基本国策。2016 年 6 月 25 日是我国的第 26 个全国土地日，宣传主题是"节约集约用地、切实保护耕地"，旨在警醒人们注意资源节约利用，加快转型发展，科学利用好土地，切实保护好耕地，保障中华民族永续健康发展。

土地是一种不可再生的资源，作为土地中的耕地，更是粮食生产的"命根子"。我国在 1986 年 6 月 25 日颁布的《中华人民共和国土地管理法》中明确要求：不准非农建设占用基本农田；不准以退耕还林为名违反土地利用总体规划减少基本农田面积；不准占用基本农田进行植树造林、发展林果业；不准在

每年的6月25日为全国土地日，“十分珍惜、合理利用土地和切实保护耕地”是我国的基本国策

基本农田内挖塘养鱼和进行畜禽饲养，以及其他严重破坏耕作层的生产经营活动；不准占用基本农田进行绿色通道和绿化隔离带建设。党中央、国务院对于严格土地管理，坚守耕地红线的态度非常明确。习近平总书记曾对耕地保护工作作出重要指示，耕地是我国最为宝贵的资源，我国人多地少的基本国情，决定了我们必须把关系十几亿人吃饭大事的耕地保护好，绝不能有闪失。要实现最严格的耕地保护制度，依法依规做好耕地占补平衡，规范有序推进农村土地流转，像保护大熊猫一样保护耕地。李克强总理也强调，要按照最严格的耕地保护制度要求，依法加强耕地占补平衡规范管理，抓紧整治存在的突出问题，把握好经济发展与耕地保护的关系，大力挖掘用地潜力，提高土地使用效率。国务院印发第三版《全国土地利用总体规划纲要（2006 ~ 2020 年）》中，对2006~2020 年我国土地利用的目标和任务提出 6 项约束性指标和 9 大预期性指

标。6项约束性指标集中在耕地保有量、基本农田保护面积、城乡建设用地规模、新增建设占用耕地规模、整理复垦开发补充耕地义务量、人均城镇工矿用地等主要调控指标。其核心是确保18亿亩耕地红线——中国耕地保有量到2010年和2020年分别保持在18.18亿亩（约1.21亿公顷）和18.05亿亩（约1.20亿公顷），确保15.60亿亩（约1.04亿公顷）基本农田数量不减少，质量有提高。

坚守“18亿亩”耕地红线

为坚守全国18亿亩耕地红线，《中共中央关于制定国民经济和社会发展第十三个五年规划的建议》提出：坚持最严格的耕地保护制度，坚守耕地红线，实施“藏粮于地”“藏粮于技”战略，提高粮食产能，确保谷物基本自给、口粮绝对安全。

2016年6月23日，国土资源部正式下发《全国土地利用总体规划纲要（2006～2020年）调整方案》（以下简称《调整方案》）。对全国及各省（区、市）耕地保有量、基本农田保护面积、建设用地总规模等指标进行调整，并对土地利用结构和布局进行优化。

对《全国土地利用总体规划纲要（2006~2020年）》（以下简称《纲要》）进行调整完善，主要目的是贯彻落实创新、协调、绿色、开放、共享新发展理念，适应、把握、引领经济发展新常态，积极推进供给侧结构性改革，严守十八亿亩耕地红线，维护国家粮食安全；提高土地资源节约集约利用水平，保障“十三五”时期经济社会发展用地需求；优化国土空间开发格局，积极推进生态文明建设，为全面建成小康社会提供坚实的资源保障。

调整后，到2020年，全国耕地保有量为18.65亿亩（约1.24亿公顷）以上，基本农田保护面积为15.46亿亩（约1.03亿公顷）以上，建设用地总规模控制在 4 071.93 万公顷（61 079 万亩）之内。

《调整方案》要求，坚持最严格的耕地保护制度和最严格的节约用地制度。对第二次全国土地调查查明增加的耕地，除根据国家统一部署纳入生态退耕规划和根据国家相关规划需要占用的以外，均予以保护。在落实基本农田保护任务和保持现有基本农田布局总体稳定的前提下，各地要根据第二次全国土地调查和耕地质量等别评定成果，对基本农田布局优化调整，将城市周边、道路沿线和平原坝区优质耕地划入基本农田，切实提高基本农田质量。

《调整方案》明确，按照严守底线、调整结构、深化改革的思路，实施建设用地总量控制和减量化管理，严控增量，盘活存量，优化结构，提升效率。在对建设用地结构和布局进行调整时，各地要以资源环境承载力评价为基础，引导人口和产业向资源环境承载力较高的区域集聚；坚持保护优先，建设用地安排要避让优质耕地、河道滩地、优质林地，合理安排生产、生活、生态用地空间；积极推进新型城镇化建设，严格控制超大城市、特大城市用地规模，合理安排大中小城市用地；以农村土地综合整治为抓手，促进农民住宅向集镇、中心村集中；合理调整产业用地结构，保障水利、交通等重点基础设施用地，优先安排社会民生、脱贫攻坚、战略性新兴产业，以及国家扶持的产业发展用地。

《调整方案》强调，坚持《纲要》确定的规划指导原则、规划目标和主要任务基本不变，继续实施《纲要》确定的土地分区引导原则，土地整治重大工程和规划实施管理制度，对《纲要》进行局部调整完善。

《调整方案》提出，各省（区、市）要自上而下完成各级土地利用总体规划调整完善工作，完善耕地保护政策和机制，健全土地节约集约利用机制，加大生态保护力度，同步更新规划数据库，加强规划实施管理制度建设。

新闻链接

106 个重点城市周边划定永久基本农田 城市开发有了“实体边界”

国土资源部 7 日审定了 2016 年第 5 次重点城市周边永久基本农田划定任务论证审核情况的报告。至此全国 106 个重点城市周边永久基本农田划定任务论证审核工作全部完成，永久基本农田划定取得阶段性成果。

记者 7 日晚从国土资源部获悉，106 个重点城市周边新划入永久基本农田面积 560.39 万亩，划定后永久基本农田面积达到 1 883 万亩，保护率由原来的 43% 提高到 61%，提高了近两成。通过划定城市周边永久基本农田，优化了城乡空间格局，形成了城市开发的实体边界，将进一步倒逼节约集约用地，促进新型城镇化转型发展，对落实藏粮于地战略，稳定和提升粮食生产能力，切实保障国家粮食安全，维护农民土地权益发挥重要作用。同时，这也有助于促进生态文明建设。

据介绍，最近一年多来，国土资源部、农业部严格贯彻落实党中央、国务院关于加强保护耕地、划定永久基本农田并实行特殊保护的决策部署，按照城镇由大到小、空间由近及远、耕地质量由高到低的顺序，从 106 个重点城市开始，在城市周边先行划定永久基本农田。重点城市周边划定工作采取自上而下发布初步任务、地方核实举证、联合论证审核的方式进行，确保了 106 个重点城市永久基本农田划定任务如期完成。

据了解，下一步两部将总结 106 个重点城市周边永久基本农田划定工作的典型经验和做法，督促指导各地尽快将新划入的永久基本农田“上图入库、落地到户”，抓紧推进其他城市周边永久基本农田划定工作，全力推进全域永久基本农田划定工作，确保年底前全面完成永久基本农田划定任务。

（2016 年月 7 日 新华社北京 记者 王立彬）

“藏粮于技”的必要性

耕地有限，技术进步无限。不但要向土地要粮，还要向科技要粮。我国的农业发展，已经到了需要更多依靠科技突破资源环境约束、实现持续稳定发展的新阶段。在耕地稳定的情况下，要满足我国人民日益增长的粮食需要，保证粮食产量持续稳定增长，必须靠不断创新的粮食增产技术来保障。“藏粮于技”是粮食生产的必然选择。要走依靠科技进步、提高单产的内涵式发展道路。

粮食生产已经受益于农业科技的应用。当前，我国农田有效灌溉面积占比超过 52%，表明一半以上的农田可实现旱涝保收；农业科技进步贡献率已达 56%，标志着“靠天吃饭”已得到部分改变；农作物良种覆盖率稳定在 96% 以上，标志着粮食用种全部实现了更新换代；农业机械化水平超过 61%，意味着农民“面朝黄土背朝天”正成为历史。目前，农业科技进步贡献率比 10 年前提高了 10 多个百分点，但与发达国家相比还有很大差距。在这种情况下，势必要求我国谋求粮食生产的新思路、新方式。

提高粮食单产，实现田网、渠网、路网“三网”配套，提升农田排灌能力、农机作业能力、耕地生产能力，推进农业信息化，发展现代农业，都要依靠科技的力量。2013 年，习近平在山东省农科院指出，农业出路在现代化，农业现代化关键在科技进步。我们必须比以往任何时候都更加重视和依靠农业科技进步，走内涵式发展道路。矛盾和问题是科技创新的导向。要适时调整农业技术进步路线，加强农业科技人才队伍建设，培养新型职业农民。习近平强调，解决好“三农”问题，根本在于深化改革，走中国特色现代化农业道路。要给农业插上科技的翅膀，加快构建适应高产、优质、高效、生态、安全农业发展要求的技术体系。

“藏粮于地、藏粮于技”，是中央对确保粮食产能的新思路，是国家“十三五”

规划的新途径。这意味着粮食生产将不再一味追求粮食产量的连续递增，而是通过增加粮食产能，保护生态环境，促进粮食生产能力建设与可持续增长。《“十三五”规划纲要》也明确指出，要大规模推进农田水利、土地整治、中低产田改造和高标准农田建设，加强粮食等大宗农产品主产区建设，探索建立粮食生产功能区和重要农产品生产保护区，推进农业标准化和信息化建设。科技是农业现代化的重要支撑，粮食生产的根本出路在科技进步。

中央 1 号文件中的“科技目标”

在科技进步成为农业现代化的关键的背景下，2016 年中央 1 号文件《中共中央国务院关于落实发展新理念加快农业现代化 实现全面小康目标的若干意见》（以下简称《意见》）中提出，要持续夯实现代农业基础，提高农业质量效益和竞争力。

围绕农业现代化，《意见》中提出，我国要大规模推进农田水利建设。把农田水利作为农业基础设施建设的重点，到 2020 年农田有效灌溉面积达到 10 亿亩以上，农田灌溉水有效利用系数提高到 0.55 以上。加快重大水利工程建设。积极推进江河湖库水系连通工程建设，优化水资源空间格局，增加水环境容量。加快大中型灌区建设及续建配套与节水改造、大型灌排泵站更新改造。完善小型农田水利设施，加强农村河塘清淤整治、山丘区“五小水利”、田间渠系配套、雨水集蓄利用、牧区节水灌溉饲草料地建设。大力开展区域规模化高效节水灌溉行动，积极推广先进适用节水灌溉技术。继续实施中小河流治理和山洪、地质灾害防治。扩大开发性金融支持水利工程建设的规模和范围。稳步推进农业水价综合改革，实行农业用水总量控制和定额管理，合理确定农业水价，建立节水奖励和精准补贴机制，提高农业用水效率。完善用水权初始分配制度，培

2015年3月30日，河北望都县农业局农情信息员通过农情田间监测专用设备，对小麦长势、土壤墒情和气温进行监测

育水权交易市场。深化小型农田水利工程产权制度改革，创新运行管护机制。鼓励社会资本参与小型农田水利工程建设与管护。

《意见》提出，强化现代农业科技创新推广体系建设。农业科技创新能力总体上达到发展中国家领先水平，力争在农业重大基础理论、前沿核心技术方面取得一批达到世界先进水平的成果。统筹协调各类农业科技资源，建设现代农业产业科技创新中心，实施农业科技创新重点专项和工程，重点突破生物育种、农机装备、智能农业、生态环保等领域关键技术。强化现代农业产业技术体系建设。加强农业转基因技术研发和监管，在确保安全的基础上慎重推广。加快研发高端农机装备及关键核心零部件，提升主要农作物生产全程机械化水平，推进林业装备现代化。大力推进"互联网+"现代农业，应用物联网、云计算、大数据、移动互联等现代信息技术，推动农业全产业链改造升级。大力发展智慧气象和农业遥感技术应用。深化农业科技体制改革，完善成果转化激励机制，制定促进协同创新的人才流动政策。加强农业知识产权保护，严厉打击侵权行为。深入开展粮食绿色高产高效创建。健全适应现代农业发展要求的农业科技推广体系，对基层农技推广公益性与经营性服务机构提供精准支持，引导高等学校、科研院所开展农技服务。推行科技特派员制度，鼓励支持科技特派员深入一线创新创业。发挥农村专业技术协会的作用。鼓励发展农业高新技术企业。深化国家现代农业示范区、国家农业科技园区建设。

《意见》提出，要加快推进现代种业发展。大力推进育繁推一体化，提升种业自主创新能力，保障国家种业安全。深入推进种业领域科研成果权益分配改革，探索成果权益分享、转移转化和科研人员分类管理机制。实施现代种业建设工程和种业自主创新重大工程。全面推进良种重大科研联合攻关，培育和推广适应机械化生产、优质高产多抗广适新品种，加快主要粮食作物新一轮品种更新换代。加快推进海南、甘肃、四川国家级育种制种基地和区域性良种繁育基地建设。强化企业育种创新主体地位，加快培育具有国际竞争力的现代种业企业。实施畜禽遗传改良计划，加快培育优异畜禽新品种。开展种质资源普查，加大保护利用力度。贯彻落实种子法，全面推进依法治种。加大种子打假护权力度。

链 接

农业部副部长：大力推动农业科技跨越式发展
为现代农业建设提供科技支撑

5月10～11日，全国农业科教工作会议在洛阳召开，农业部副部长张桃林出席会议并讲话。会议强调，“十三五”时期农业科教工作要深入实施创新驱动发展战略和“藏粮于地”“藏粮于技”战略，以保障国家粮食安全和重要农产品有效供给为首要任务，以转变农业发展方式和推进农业供给侧结构性改革为主线，坚持改革创新，切实提高农业科技创新效率，大力推动农业科技跨越式发展，为提高农业质量效益和产业竞争力提供强有力科技支撑，为发展现代农业奠定更加坚实的科技基础。

会议指出，“十二五”期间，我国粮食生产实现“十二连增”、农民增收实现“十二连快”，农业科技做出了重要贡献。会议认为，“十三五”时期，推动农业供给侧结构性改革、促进农业提质增效，提高农业国际竞争力、促进农业做优做强，转变农业发展方式、促进农业绿色发展，推进农业现代化，对农业科教工作提出了新要求；迎接新一轮世界农业科技革命、解决农业科技发展的突出问题，对农业科教工作提出了新挑战。

会议要求，“十三五”时期，要强化统筹协调和顶层设计，健全适应产出高效、产品安全、资源节约、环境友好农业发展要求的科学技术体系，加快提升农业科技自主创新能力、协同创新水平和转化应用速度。要紧紧围绕提升科技对农业产业发展的贡献度这一根本目标，优化科技资源布局，拓展科技创新领域，壮大农业科技力量，完善农业科技管理。要扎实做好全面深化农业科技体制机制改革、大力推进农业科技自主创新、加快成果转化与技术推广服务、大力培育新型职业农民、加强农业转基因研发与监管、加快农业科技引进来和走出去、大力加强农业资源环境保护等重点工作。现代农业产业技术体系启动 8 年来取得了重要成效，要准确把握体系的功能定位，发挥其独特作用，进一步优化调整结构、凝练重点任务、完善运行机制，推动体系在高起点上实现新发展。

中国农科院等 8 家单位作了典型发言。首农集团、中化化肥、隆平高科三家与会企业向全国涉农企业发出了加强科技创新的倡议。河南省副省长李亚同志出席会议并致辞，各省（区、市）农业行政管理部门和农（牧）业科学院、农垦科学院负责同志，部分农业大学负责同志，50 个现代农业产业技术体系首席科学家等参加了会议。

（2016 年 5 月 12 日 农业部网站）

依靠财政强农惠农富农

保障和发展粮食生产离不开政策的出台，农业政策不离财政资金的支持，2004年以来，党中央、国务院连续12年下发有关“三农”问题的中央一号文件，出台了一系列强农惠农富农政策，充分发挥财政支农职能，对于保障国家粮食安全、促进农民持续稳定增收、推动现代农业发展等方面发挥了十分重要的作用。

2006年1月1日起，我国正式废止《农业税条例》，全面取消农业四税（农业税、屠宰税、牧业税、农林特产税），据有关专家测算，2006年全面取消农业税后，与农村税费改革前的1999年相比，全国农民累计减负约1 045亿元，人均减负约120元。此外，自2002年起，我国陆续出台了良种补贴、

2015年10月15日，在山东省茌平县贾寨镇官张村，茌平县粮食局副局长马思涛（左）在向村民讲解种粮主要享受哪些国家补贴政策

种粮农民直接补贴、农机具购置补贴和农资综合补贴农业四项补贴，据统计，2014 年农业四项补贴资金达 1 600 亿元。另外，从 2007 年起我国实施农业保险保费补贴政策，将种植面积广、关系国计民生和粮食安全的小麦、玉米、水稻、大豆、棉花等 15 个品种作为中央财政补贴险种，各级财政保费补贴比例平均达到 80% 左右。

2004 年 5 月，《国务院关于进一步深化粮食流通体制改革的意见》（以下简称《意见》）明确提出，2004 年全面放开粮食收购市场，积极稳妥推进粮食流通体制改革，转换粮食价格形成机制。《意见》指出，一般情况下，粮食收购价格由市场供求形成，国家在充分发挥市场机制的基础上实行宏观调控。要充分发挥价格的导向作用，当粮食供求发生重大变化时，为保证市场供应、保护农民利益，必要时可由国务院决定对短缺的重点粮食品种，在粮食主产区实行最低收购价格。从近年来粮食市场调控实践来看，尤其是 2008 年以后我国多次上调小麦、稻米最低收购价格，在调动农民种粮积极性、稳定市场粮价、促进粮食持续增产等方面发挥了重要作用。另外，针对 2008 年部分农产品价格下跌及农民卖粮难问题，国家适时出台了在东北地区实行玉米、大豆临时收储政策。

2005 年 4 月，为了缓解“产粮大县、财政穷县”困难，调动地方政府重农抓粮积极性，鼓励地方多产粮、多调粮，财政部出台了《中央财政对产粮大县奖励办法》（以下简称《办法》）。《办法》规定，中央财政依据粮食商品量、产量、播种面积各占 50%、25%、25% 的权重，结合地区财力因素，奖励资金直接“测算到县、拨付到县”；对粮食产量或商品量分别位于全国前 100 位的产粮大县，中央财政将予以重点奖励。2016 年，中央财政预算安排产粮大县奖励资金 394 亿元。

2009年中央1号文件《中共中央国务院关于2009年促进农业稳定发展农民持续增收的若干意见》明确要求，加快取消主产区粮食风险基金资金配套。中央财政分三年(2009～2011)先后取消粮食主产区粮食风险基金配套17亿元、41亿元、40亿元，此后粮食主产区粮食风险基金249亿元全部由中央财政补助，每年减轻粮食主产区财政负担98亿元。

链 接

中央财政安排3.33亿元农业综合开发资金扶持新型农业经营主体建设高标准农田

为深入贯彻党的十八届五中全会和2016年中央1号文件精神，以新型农业经营主体为抓手，促进土地适度规模经营，加快推进高标准农田建设，2016年，农业综合开发在总结试点经验基础上，调整完善政策、降低“准入门槛”，继续大力扶持农民合作社、龙头企业、家庭农场、专业大户等新型农业经营主体申报实施高标准农田建设项目。该类项目由新型农业经营主体自主规划、自主建设，不涉及公共安全的单项工程可自主组织施工，不仅有效调动新型农业经营主体落实自筹资金积极性，而且规划设计更加符合自身生产经营需要。截至目前，在中央财政已下拨的第一批农业综合开发资金中，有23个省份共安排3.33亿元扶持216个新型农业经营主体申报实施高标准农田项目，引导落实自筹资金1.1亿元，预计可建设高标准农田35万亩。项目建成后形成的机耕路、灌排渠、电力配套设施等资产将及时移交新型农业经营主体持有、经营和管护，形成项目建设、使用、管护一体化的新机制，推进农业综合开发项目建管模式转变，进一步提升农业综合开发高标准农田项目建设水平和综合效益。

(2016年9月9日 财政部网站)

把钱花在“刀刃”上

在经济步入新常态情况下，我国农业财政支持政策将进行创新，调整扶持方式，突出支持重点，进一步提升财政支农的针对性、精准性和实效性。我国农业财政支持政策将实现“三个转变”，突出“三个重点”。

所谓“三个转变”，即支持目标由直接支持农业生产向注重支持农业生产与农业可持续发展并重转变；支持对象由普惠制向普惠制加特惠制支持转变；支持方式由直接补贴向更多利用财税政策引导和撬动金融资本、社会资本转变。

在此基础上，将突出“三个重点”。首先，抓好统筹整合，化零为整，集中资金干大事。整合的转移支付资金，围绕提升粮食等主要农产品产能和可持续发展能力等重点进行布局，整合的部门预算资金，围绕增强部门宏观调控手段和服务水平等进行集中使用。其次，是精细化管理，差异化精准调控。提升农业补贴的精准性和指向性，对一般小规模经营农户，继续坚持直接补贴的做法，对适度规模的新型经营主体，重点帮助解决融资难题、风险防控，实现规模效益。最后，运用财政杠杆，撬动金融和社会资本。发挥财政资金杠杆功能，运用担保贴息、政府与社会资本合作、政府购买服务、以奖代补、民办公助、风险补偿、投资基金等措施，实现农业产业政策、财税政策、金融保险政策有机结合。

2016年4月18日，农业部下发《关于全面推开农业“三项补贴”改革工作的通知》，在总结试点经验的基础上，在全国全面推开农业“三项补贴”改革，政策目标为支持耕地地力保护和粮食适度规模经营。农业补贴改革试点将已经实施超过10年的三项主要农业补贴政策合并为一项，是由于此前在许多地方，一些农民即便不种粮，也能得到补贴。而真正从事粮食生产的种粮大户、家庭农场、农民合作社等新型经营主体，却很难得到除自己承包耕地之外的补贴支持。而三项补贴政策合一之后，20% 的农资综合补贴存量资金用于支持粮食适度规模经营，另外 80% 加上农民直接补贴和农作物良种补贴资金，用于耕地地力保护，补贴对象为所有拥有耕地承包权的种地农民，可以真正做到“谁种粮谁受益”。通过改革，一是有利于提高补贴政策的指向性、精准性和实效性。将补贴与耕地保护挂钩，可以调动农民保护耕地、提高地力的积极性。二是有利于促进粮食适度规模经营。有利于推动农业生产加快进入规模化、产业化、社会化发展新阶段，符合现代农业发展方向。三是有利于推动农村金融加快发展。通过调整部分资金支持建立健全农业信贷担保体系，强调其政策性、独立性和专注性，可以撬动金融和社会资本支持现代农业发展，有效缓解农业农村发展资金不足问题。

新时期下，农业综合开发也进一步完善和创新了财政资金投入方式，充分发挥了市场机制在带动资金投入分配方面的引导作用。一是加大农业综合开发财政资金投入，鼓励各地区将国有土地使用权出让收入等渠道资金投入农业综合开发。二是完善财政资金引导机制，撬动更多金融资本投入。三是创新社会资金引导方式，鼓励有条件的地区采取“先建后补、以奖代补”的方式，引导和带动家庭农场、专业大户、农民合作社、产业化龙头企业等新型农业经营主体加大开发投入。适当拓宽产业化经营项目资金使用范围，探索设立股权投资基金、股权引导基金支持农业产业化发展的新模式，运用市场化机制引导带动社会资本投入。2016 年，中央财政农业综合开发转移支付资金 383 亿元，资金总额比 2015 年增加 18 亿元，增长 4.9%。2016 年农业综合开发转移支付资金安排突出以下重点：一是集中力量建设高标准农田，实现藏粮于地。二是扶持农业产业化发展，集中打造优势特色产业集群，促进农村一二三产业融合，提升农业综合效益和市场竞争力。三是加大对贫困地区的倾斜扶持力度，大力支持贫困地区改善农业基础设施，立足资源条件发展农业优势特色产业，促进农业增效农民增收，助力打赢脱贫攻坚战。

近年来，黑龙江省开展了“两大平原”现代农业综合配套改革试验涉农资金整合，探索了部门内部、行业之间涉农项目的有机整合，并从时间、空间上创新了涉农资金整合方式。2015 年，中央财政推动涉农资金整合迈入新阶段。稳步推进黑龙江“两大平原”涉农资金整合试点，并在总结试点经验的基础上，创造性地研究提出下一步试点思路。选择广东、江苏、河南、湖南 4 省部分市县谋划开展涉农资金整合优化试点，鼓励试点市县对涉农资金进行统筹使用。在现代农业生产发展资金绩效评价中，继续将资金整合作为重要指标，并安排部分奖励资金，鼓励引导地方因地制宜加大整合力度。

链 接

农业综合开发积极创新投融资模式加快建设高标准农田

2015 年 8 月，财政部与国家开发银行、农业发展银行、农业银行联合发布通知，共同开展创新投融资模式建设高标准农田项目试点。试点以来，各地区财政部门与金融机构以农业综合开发项目为平台，紧密配合，积极探索，严格选项，取得了显著成效。截至目前，河南、湖南、四川等省已有 7 个试点项目“落地”并获得银行贷款 4 亿元，还有 41 个项目经省级农发机构评审可行并推荐给银行作贷款审查，拟申请贷款 22 亿元，总计可引入银行贷款 26 亿元，预计建设高标准农田约 16.7 万公顷（250 万亩）。

试点项目重点选择农垦、龙头企业等新型农业经营主体作为贷款主体并自主规划实施高标准农田建设项目，财政采取贴息或者补助方式予以扶持。一是按照“主体自筹、银行贷款、财政贴息”模式，实施主体投入20%资本金、银行提供80%中长期贷款，中央财政按同期基准利率全程全额予以贴息。二是按照“主体垫资、银行贷款、财政补助”模式，由实施主体投入1/3资本金、银行提供2/3中长期贷款，建成后中央财政按先建后补方式，对主体垫付资本金予以全额补助。与传统方式比较，这种模式可带动相当于财政资金3～9倍的银行贷款投入，显著加快高标准农田建设进度。同时，银行贷款由新型农业经营主体申请承贷，不增加地方政府债务；试点项目由新型农业经营主体自主规划建设，有利于形成建管一体化的新机制，有利于进一步转变政府职能。

（2016年7月18日 国家农业综合开发办公室）

第三章

破题价格之困

粮食价格，关系着生产供应和市场消费的稳定。在生产端，近年来不断推进粮食价格改革。在消费端，北京市通过优化粮食市场调控的长期机制，来保障粮食安全和社会稳定。

构筑粮食安全的堡垒

伴随着我国粮食价格以及粮食流通体制的改革，北京市构建了米袋子的粮食安全体系，加强对粮食市场的宏观调控。

1999 ~ 2003 年，北京市着力构建粮食安全体系。北京市继续围绕“三项政策、一项改革”进行粮食流通体制改革，包括按保护价敞开收购农民余粮、粮食顺价销售制度、加强粮食收购资金和粮食市场管理，以及推进粮食购销企业自身的改革。1999 年，北京粮食集团有限责任公司成立，国有粮食企业从此独立经营，粮食购销政企分开。次年，中储粮北京分公司在京正式揭牌运营，具体负责经营管理包括北京在内的 5 省（区、市）中央储备粮和直属库，粮食储备体系得以完善。此外，《北京市粮食供给应急预案》的发布，加强了粮食价格安全应急防范措施。

在 2004 年，中国粮食流通体制全面实行市场化。同时，中国的粮食保护价制度也开始向最低收购价制度转变。在此背景下，北京市建立了市、区两级粮油信息监测网络；对 8 家重点粮油批发市场的粮食经营基本情况进行调查、汇总；北京市储备粮通用台账管理系统也启动运行，这些措施加强了对粮食市场的宏观调控，为粮食安全构筑了堡垒。

21 世纪北京市构建粮食安全体系

2001 年 12 月 10 日，中国加入世贸组织对中国粮食市场影响很大，粮食安全增加了新的约束因素，中国的粮食市场受到来自国际粮食市场的激烈竞争，国有粮食企业面临着严峻的竞争压力，粮食安全体系的构建提上了议事日程。

对于北京市来说，到 1998 年，北京市的粮食工作取得了一定成效，1999 ～ 2003 年北京市着力构建粮食安全体系。当时，北京市粮食收购实行多渠道经营，销售市场完全放开，粮食购销价格基本由市场调节，产销区关系逐步协调，同时，加强了对北京市粮食市场的宏观调控。但其中的问题依然存在，如废除“双轨制”以后，由于改革步伐过大，又没有配套的调控手段和稳定机制，于是出现了粮价的大幅上涨和粮食供需紧张的局面。此外，国有粮食企业改革滞后，对北京市的粮食市场化改革形成了阻碍，直到“四分开、一完善”〔政企分开、市与区（县）政府粮食事权分开、粮食储备与经营分开、新老财务挂账分开，完善粮食价格机制〕政策的实施，形势才有所改观。

1999 ～ 2003 年，北京市继续围绕“三项政策、一项改革”进行粮食流通体制改革，三项政策是指按保护价敞开收购农民余粮、粮食顺价销售制度、加强粮食收购资金和粮食市场管理，一项改革即推进粮食购销企业自身的改革。

1999 年 7 月，北京粮食集团有限责任公司成立，国有粮食企业从此独立经营。政企分开后的北京市粮食局作为粮食行政管理部门则把主要工作转移到指导、协调、监督和服务上来，重点是建立公正、公平的交易规则，成为经济运行过程中的调节者，市场行为方式的制定者和维护者，执行经济活动规则的仲裁者和行业发展战略规划的制定者。1999 年，中共中央、国务院发布《关于做好 1999 年农业和农村工作的意见》，肯定了粮食流通体制改革在保护农民利益上发挥的重要作用。2001 年 8 月，根据在改革中所出现的问题，《国务院关于进一步深化粮食流通体制改革的意见》提出了“放开销区、保护产区、省长负责、加强调控”的改革思路。所以，1999 ～ 2003 年北京市粮食流通体制改革是建立在1998年的改革基础上，同时又采取相应的措施不断加以完善。

北京市在此期间完善粮食储备体系。为充分发挥中央储备粮的宏观调控作用、加快建立完善的中央储备粮垂直管理体系，2000年6月，中国储备粮管理总公司在北京宣布成立。同年，国家发展计划委员会明确指出中国储备粮管理总公司要尽快全面接受中央储备粮的管理工作，实现垂直目标管理。2000年11月8日，中国储备粮管理总公司北京分公司在京正式揭牌运营，该公司是中国储备粮管理总公司下设的14个区域性分公司之一，具体负责经营管理北京、天津、河北、山西、内蒙古5省（区、市）中央储备粮和直属库，并在河北、山西、内蒙古设立联络处。2003年，《中央储备粮管理条例》出台，对中央储备粮的用途作了明确的界定，即调节全国粮食供求、稳定粮食市场，以及应对重大自然灾害或者其他突发事件等情况。

此外，北京市加强了粮食价格安全应急防范措施。当时，“粮食安全”被提上了国家政策的层面。2000年10月，党的十五届五中全会决议首次正式提出要建设国家粮食安全体系。2002年12月颁布的《农业法》则将粮食安全提升到了法律高度。为了合理化解、积极应对北京市可能存在的粮食安全问题，2003年8月，北京市粮食局发布了《北京市粮食供给应急预案》，要求北京市各区（县）、各部门在市政府的统一领导下，采取分级、分部门负责制，从市场监测和预警、应急措施以及预案的启动三方面明确责任。2003年12月，北京市粮食局还就政府储备粮库进行了改扩建，以增强北京市的粮食储备和粮食价格波动的调节能力。

新闻链接

保供稳价：稳定民心的"定盘星"

在历次粮油市场价格波动之际，京粮集团全力以赴保市场、保民生、保稳定，起到平抑市场粮油价格的杠杆作用，成为稳定市场、稳定民心的定盘星。

京粮集团严格执行政府宏观调控指令，为平抑粮油价格做出了积极贡献。圆满完成奥运核心区和新中国六十周年大庆供应服务保障任务。集团荣获"影响百姓生活十大企业"、"新中国成立六十周年阅兵服务先进保障单位"等荣誉称号。京粮集团在为普通消费者提供"精良"产品的同时，还保障着驻京部队和机关院校的放心粮油供应。

越是在紧急时刻，越能彰显国企勇于担当的品质和精神。

2003年"非典"期间，京粮集团勇担社会责任，为政府分忧，急百姓所急，组织各大粮库、各个生产加工企业紧急加工、出库，一天出动118部车，仅用一天半的时间就平息了抢购风波，实现了"质量一丝一毫不降，价格一分一厘不涨"的承诺，被北京市委授予"抗击'非典'先进基层党组织"。

2004年粮食市场价格波动之际，古船不计成本，率先将大包装和小包装面粉价格分别下调13%和18%，起到了平抑市场粮油价格的杠杆作用，彰显出京粮的市场影响力、控制力和带动力。

当第29届北京奥运会全球瞩目的时刻，京粮集团以粮油食品的安全和营养，供应服务的严密和细致，全面完成奥运粮油供应保障任务！运动员们赞不绝口地说"这里的米饭最好吃"！这是对京粮人保障奥运的最高褒奖。

2008年年初，粮油价格暴涨。为保证市场平稳，市政府决定对部分企业的部分产品实行价格限制，以稳定市场价格。京粮集团的古船面粉、古船油和绿宝油价格以低于成本的价格足额供应，为平抑粮油价格做出了卓有成效的贡献。

2012年北京"7•21"特大暴雨灾害发生后，京粮集团全力以赴做好应急供应，共计为丰台、通州、房山、密云、平谷、门头沟等区县紧急供应粮油产品近500吨，有效满足了灾区群众生活需要和救灾部队的供给。

（节选自2015年6月26日《北京日报》报道《京粮集团积极承担政府职能 为民承重，兴粮富国》记者 史波涛 特约记者 姜文清）

北京米袋子进入宏观调控时期

随着经济社会的不断发展，城镇化率不断提高。但与此同时，由于受新中国成立时实施的"以农补工"战略的影响，中国的城乡差距越来越大，表现在城乡居民的收入、基础设施、社会保障和福利制度等各个方面。种粮的比较利益不断下降，农民增收问题比较突出。此外，中国加入世贸组织以后，国内外环境发生了很大的变化，按照世贸组织的规则，中国的粮食市场需要更加开放，以干预流通为主的保护价政策需要适时进行调整，以适应世贸组织规则的要求。为此，从2004年开始，中央每年出台个关于农业的1号文件，对农村改革和农业发展作出具体部署。

2004年2月，中央1号文件规定，从当年开始，国家将全面放开粮食收购和销售市场，实行购销多渠道经营；加快国有粮食企业改革步伐，转变企业经营机制；完善粮食现货和期货市场，加强粮食市场管理和宏观调控。2004年5月，国务院发布的《关于进一步深化粮食流通体制改革的意见》确定了此次粮食改革的基本思路，放开购销市场，直接补贴农民，转换企业机制，维护市场秩序，加强宏观调控。此次粮改政策的颁布和实施标志着中国粮食流通体

2004年2月，中央1号文件规定，从当年开始，国家将全面放开粮食收购和销售市场，实行购销多渠道经营，在此背景下，北京市着力加强对粮食市场价格的宏观调控

制的全面市场化。同时，中国的粮食保护价制度也开始向最低收购价制度转变。

在粮食价格全面市场化的背景下，北京市着力加强对粮食市场价格的宏观调控。

自 2004 年起，中共中央、国务院、国家发展改革委、国家粮食局、北京市粮食局等部门都加强了宏观调控的节奏，如 2004 年 2 月 12 日，北京市粮食局发布了《关于切实加强我市粮食市场信息监测预警体系建设的通知》，建立了市与区（县）两级粮油信息监测网络；2004 年 6 月 21 日，北京市发展和改革委员会、北京市粮食局等部门发布了《关于开展粮食批发商和连锁超市粮食经营情况调查工作通知》，对北京市 8 家重点粮油批发市场的粮食经营基本情况进行调查、汇总；2006 年 3 月 31 日，北京市粮食局发布了《关于启用北京市储备粮通用台账管理系统的通知》，规定北京市储备粮通用台账管理系统从 2006 年 4 月 1 日正式启动运行；2006 年 5 月 29 日，国务院发布了《关于完善粮食流通体制改革政策措施的意见》，对粮食宏观调控体系、粮食直补和最低价收购政策、中央和地方粮食储备等方面做了若干规定。从上述政策可以看出，北京市政府对新时期的粮食安全非常重视，粮食市场价格的宏观调控得到了大力加强。

为粮价倒挂“解扣”

针对中国农产品结构性过剩、部分品种库存过高、国内外粮食价格倒挂的问题，近年来，我国不断推进粮食价格改革。

2016年，我国粮食价格市场化改革的三大方向是继续执行并完善稻谷、小麦最低收购价政策；进一步推进新疆棉花、东北地区大豆目标价格改革试点；以及继续稳妥推进玉米收储制度改革，建立生产者补贴制度。

目前，我国的稻谷、小麦实行最低收购价政策，该政策虽发挥了粮食价格的托底作用，但扭曲了粮食的真实市场价格，影响了市场机制作用的充分发挥，不利于整个粮食加工产业的升级和发展。

而改革前的玉米临时收储制度与之类似，同样影响了市场机制的发挥，玉米市场阶段性过剩矛盾突出，库存高企、财政负担加剧，国内外价差较大。2016年，我国玉米临时收储制度改革落地，政策调整为“市场化收购”加“补贴”的新机制，将推动以市场化的方式形成价格。

大豆目标价格政策的试点同样针对此前由临储制度所带来的市场活力弱、产业倒挂的现象所进行的改革。开展目标价格改革试点，探索推进农产品价格形成机制与政府补贴脱钩的改革，目的就是在保障农民利益的前提下充分发挥市场在资源配置中的决定性作用，将价格形成交由市场决定，以促进产业上下游协调发展。

我国粮食价格政策的五个阶段

事实上，我国粮食价格的改革始终伴随着我国粮食流通体制的改革。新中国成立至今，我国粮食购销与价格政策主要经历了五个阶段。

从新中国成立之初至1952年是我国粮食自由购销和国家吞吐调节价格阶段。在这一阶段中，粮食自由购销，价格由市场供求决定。与此同时，市场经营主体多元化，国有粮食系统开始逐步确立在市场上的主导地位，国家主要运用经济手段以吞吐方式调控粮食市场，稳定粮食价格。

1953～1984年是我国粮食统购包销时期，粮食实行统购包销，价格由国家统一制定。国家严禁私商自有经营粮食，粮食市场主体单一化，由国营粮食系统垄断经营，粮食生产和流通在中央统一管理下，由中央和地方分工负责。

自1985年起，我国逐步将粮食放开供应，取消统购统销制度，实行合同订购，直至1997年，实行国家计划购销和市场购销并存的“双轨制”。当时，我国初步建立对粮食的宏观调控体系，形成了集市贸易、区域性批发市场和国家级批发市场相互配套的粮食市场网络，批发价格、期货价格等价格形式也逐渐出现。

1998～2003年，我国的粮食保护价格范围逐渐缩小。为保护农民利益，有效地解决国有粮食企业亏损挂账急剧增加和财政负担过重的问题，提高国有粮食购销企业的市场竞争能力，此轮粮食流通体制改革推行政企分开、储备和经营分开、中央和地方责任分开、新老粮食财务账目分开，着力完善粮食价格机制，培育粮食市场体系。在保持订购价基本稳定的前提下，小幅降低保护水平，并实行季节差价，以鼓励农民多存粮、不急于售粮，缓解库存压力和资金紧张。

1999年开始，粮食流通体制改革进一步深化，从部分地区开始实行粮食购销市场化改革，进而推向全国，保护价收购范围逐步缩小。

根据党的十六届三中全会精神和粮食生产流通面临的新形势，中央决定，在总结经验、完善政策的基础上，2004年加快改革步伐，进一步深化粮食流通体制改革。总体目标是在宏观调控下，充分发挥市场机制在配置粮食资源中的基础性作用，实现粮食购销市场化和市场主体多元化；建立对种粮农民直接补贴的机制，保护粮食主产区和种粮农民的利益，加强粮食综合生产能力建设；深化国有粮食购销企业改革，切实转换经营机制，发挥国有粮食购销企业的主渠道作用；加强粮食市场管理，维护粮食正常流通秩序；加强粮食工作省长负责制，建立健全适应社会主义市场经济发展要求和符合我国国情的粮食流通体制，确保国家粮食安全。

在新的流通体制下，一般情况下粮食收购价格由市场供求形成，但当粮食供求发生重大变化时，为保证市场供应、保护农民利益，必要时可由国务院决定对重点粮食品种，在粮食主产区实行最低收购价格，当市场价格低于最低收购价格时，由政府指定粮食经营企业入市收购。

最低收购价之利与弊

至今，我国的小麦和稻谷实行最低收购价格政策。

国家于 2004 年出台并实施了以最低收购价为主要内容的粮食托市政策，2016 年 4 月 6 日，国家发改委等六部门正式印发了《2016 年小麦和稻谷最低收购价执行预案》。按照规定，以 2016 年生产的国标三等小麦和稻谷为标准品，国家公布的小麦、早籼稻、中晚籼稻、粳稻最低收购价格分别是 0.59 元（人民币，下同）/ 公斤、0.67 元 / 公斤、0.69 元 / 公斤、0.78 元 / 公斤，其中早籼稻比 2015 年降低 0.01 元 / 公斤，其他均与 2015 年一致。

所谓粮食最低收购价政策，是为保护农民利益，防止“谷贱伤农”，我国在小麦主产区、稻谷主产区实行的粮食价格调控政策。国家每年确定粮食最低收购价格水平并制定相应的执行预案，当市场价格高于国家的托底价格时，执

2016 年 6 月 29 日，农民在安徽省濉溪县徐楼粮库出售夏粮。目前我国的小麦和稻谷实行最低收购价格政策

行预案不会启动，粮食收购价格由市场供求形成，各类收购主体按照市场粮价自行收购；当市场价格低于国家的托底价格时，托市预案便会启动，政策执行主体中国储备粮管理总公司及其委托的公司按照最低收购价收购粮食，其他粮食企业仍随行就市进行收购。

最低收购价政策之所以出台，其背景是在我国全面放开粮食购销市场以后，粮食生产保持良好势头，但局部地区农民“卖粮难”问题比较突出，加上国际国内粮食价格的联系日趋紧密，国内粮价受外部市场的影响越来越明显。面对复杂多变的粮食购销形势，为了避免出现“谷贱伤农”和粮价大幅波动，国家于 2004 年出台并实施了以最低收购价为主要内容的粮食托市政策。

从执行效果来看，第一，粮食最低收购价政策发挥了粮食价格的托底作用，稳定了粮食市场价格。有了国家最低收购价做支点，市场粮价始终维持在托市价格附近小幅波动，避免了大起大落，政策发挥了市场托底和稳定粮价的作用。第二，粮食最低收购价政策增加了农民种粮收入，有力促进了粮食生产。政策稳定了农民种粮增收的心理预期，调动了农民发展粮食生产的积极性。国家通过政策托市向粮农传递了一个明确的种粮收入保底值，给农民发展粮食生产吃了“定心丸”。第三，国家掌握了大量优质粮源，巩固了调控的物质基础，特别是在应对 2007 年至 2008 年上半年国际粮价大幅波动的危机中，“手中有粮”切实发挥了作用，保证了国内市场供应和价格的基本稳定。

然而不可否认的是，最低收购价政策执行过程中也产生了消极影响。最低收购价格扭曲了粮食的真实市场价格。我国粮食生产连年丰收，粮食产销缺口大大缩小，从理论上讲，粮食供求关系的明显缓和应该导致价格下降。但国家出于对保护种粮农民利益、发展粮食生产的考虑，连续提高托市价格水平，在某种程度上扭曲了粮食的真实市场价格，影响了市场机制作用的充分发挥，紊乱了市场调节价格功能。而与此同时，由于大量新粮以最低收购价格收入国有粮库，市场上流通粮源明显减少，增加了民营粮食加工企业的生产成本，给加工企业的经营发展造成不利影响，迫使加工企业放慢市场开发步伐，进而拉大加工产品与市场需求之间的距离，不利于整个粮食加工产业的升级和发展。

新闻链接

国家公布2016年小麦最低收购价格

为保护农民利益，防止“谷贱伤农”，2016年国家继续在小麦主产区实行最低收购价政策。综合考虑粮食生产成本、市场供求、国内外市场价格和粮食产业发展等各方面因素，经国务院批准，2016年生产的小麦（三等）最低收购价为每50公斤118元，保持2015年水平不变，以稳定粮食生产，促进粮食产业健康发展。

（2015年10月10日 央广网北京 记者 冯雅）

玉米告别“临储制度”

2016年6月20日，国家财政部官网公布，财政部已会同有关部门印发了《关于建立玉米生产者补贴制度的实施意见》（以下简称《实施意见》），我国玉米临时收储制度改革落地，2016年国家决定对农民种玉米实施补贴。

这是继调减种植面积及实施临时收储政策改革后，于2016年内落地的第三项较大的玉米改革政策。作为中国农业供给侧结构性改革的重要一环，这将推动以市场化的方式形成价格。

2016 年，国家决定对农民种玉米实施补贴

2016 年 4 月初，东北三省和内蒙古自治区的玉米收储制度改革内容公布，临时收储政策调整为“市场化收购”加“补贴”的新机制。不过，除了玉米价格反映市场供求关系，生产者随行就市出售，各类市场主体自主入市收购外，并未对“加补贴”给出实质性措施。

而《实施意见》中，则对具体补贴进行了补充。除坚持公开透明、加强监管从而将补贴兑付给玉米生产者外，具体的补贴政策包括：一是市场定价、价补分离，即玉米价格由市场形成，同时中央财政将对东北三省和内蒙古自治区给予一定补贴，并鼓励地方将补贴资金向优势产区集中，保障优势产区玉米种植收益基本稳定。二是定额补贴、调整结构。在玉米价格由市场形成的基础上，国家对各省（区）亩均补贴水平保持一致，补贴基期也在一定年限内保持不变，充分发挥价格对生产的调节引导作用，体现优质优价，促进种植结构调整，提高农业发展的质量和效益。三是中央支持、省级负责。根据国务院有关决定，中央财政将一定数额的补贴资金拨付至省级财政，并赋予地方自主权，由各省区制定具体的补贴实施方案，确定本省区的补贴范围、补贴对象、补贴依据、补贴标准等。

面对国内玉米产业倒挂的现状，玉米收储制度的改革势在必行。

从 2007 年起，我国在东北三省和内蒙古自治区实行了玉米临时收储，这一政策有效保护了农民利益，促进了玉米生产的稳定。不过，近年来中国粮食连续增产，玉米是主要的增产品种。据国家统计局数据显示，2015 年全国玉米产量为 2 245.8 亿公斤，同比增加 89.35 亿公斤。而由于市场需求低迷影响，2015 年玉米消费仅为 1 750 亿公斤，阶段性过剩矛盾突出。

与此同时，受世界经济复苏乏力影响，国际粮价深度回落，中国粮价已成为全球“高地”。国外玉米及替代品也在深度影响着国内市场，导致供过于求矛盾持续加剧，而 2015 年临储价格下调后，玉米市场价格有所回落，但目前国内外玉米每吨价差仍高达 600 多元，玉米进口增加较多。同时，大麦、高粱、木薯干、DDGS 等玉米替代品进口数量激增，对国内玉米市场造成了较大冲击。此外，当前国内市场玉米消费低迷、加工转化开工不足，还有玉米库存不断增加、东北等核心产区新粮收储矛盾，以及安全的储粮压力比较突出。

近年来粮食供求结构性矛盾逐步凸显，特别是玉米已呈现阶段性供大于求的局面，库存高企、财政负担加剧，国内外价差较大，收储和进口压力逐步增大，用粮企业经营困难突出，不利于生产稳定发展、市场平稳运行和农民持续增收。因此，玉米收储制度改革势在必行。

而随着玉米收储制度改革的推进，我国对稻谷、小麦等品种收储价格改革也将稳步推进，从而实现完善农产品价格形成机制，注重发挥市场形成价格作用的改革目标。

新闻链接

辽宁推出“玉米生产者补贴政策” 保障农民种粮收益

据中国之声《央广新闻》报道，今天上午十点，辽宁省政府新闻办召开新闻发布会，由辽宁省财政厅、省农委介绍关于“玉米生产者补贴政策”等相关情况。

“玉米生产者补贴政策”是一项新的政策，和以前的粮食直补不同，主要内容有几项：第一，补贴对象是辽宁省所有种植玉米的市县合法耕地上的玉米实际生产者，意思就是“谁种玉米给谁”。对于土地流转，假如没有约定的话，就得给被流转的人，也就是谁种地给谁。第二，补贴的依据是当年的合法耕地上实际种植的玉米面积。第三，补贴标准以县为单位，市里给县里拨地补贴钱，除以玉米种植面积得出补贴标准，县和县之间可能存在差异。第四，钱不以现金发放，也像惠农直补一样，直接发到一卡通里面给玉米的生产者。

今年国家取消了东北三省和内蒙古自治区的玉米的临储政策，放开了玉米市场的价格；同时要求建立玉米生产者的补贴制度。所以辽宁今天发布这项政策是落实中央的决定，实行玉米生产者的补贴政策之后，可以在粮食资源配置中发挥市场的主要作用，在政府的协调、引导基础上，保障农民种粮的收益，促进农业结构调整。玉米种多了就少种，也种别的，转变和提升辽宁的农业发展方式。

（2016 年 9 月 6 日 央广网沈阳 记者　张静）

目标价格试点进行中

2016 年，我国继续在东北三省和内蒙古自治区开展大豆目标价格改革试点。统筹考虑大豆市场供求、生产成本收益等因素，经国务院批准，国家发展改革委发布 2016 年大豆目标价格水平为每吨 4 800 元。

按照中央 1 号文件要求和国务院部署，2014 年，我国启动新疆棉花、东北和内蒙古大豆目标价格补贴试点。当年棉花、大豆的目标价格水平分别为每吨 19 800 元和每吨 4 800 元。

目标价格政策是在市场形成农产品价格的基础上，释放价格信号引导市场预期，通过差价补贴保护生产者利益的一项农业支持政策。我国目标价格改革

与玉米进行临储制度改革相同的是，大豆目标价格政策的试点同样是对此前由临储制度所带来的市场活力弱、产业倒挂的现象所进行的改革。图为安徽省亳州市谯城区赵桥乡王寨村农民薛海霞为种植的大豆浇水

试点的主要内容：一是在全国范围内取消棉花、大豆临时收储政策。政府不干预市场价格，价格由市场决定，生产者按市场价格出售棉花、大豆。二是对新疆棉花、东北和内蒙古大豆实行目标价格补贴。种植前公布棉花、大豆目标价格。当市场价格低于目标价格时，国家根据目标价格与市场价格的差价对试点地区生产者给予补贴；当市场价格高于目标价格时，不发放补贴。三是完善补贴方式，目标价格补贴额与种植面积、产量或销售量挂钩。

与玉米进行临储制度改革相同的是，大豆目标价格政策的试点同样是对此前由临储制度所带来的市场活力弱、产业倒挂的现象所进行的改革。

2007 年以来，我国对主产区大豆、棉花等实行临时收储政策。临时收储政策能够有效实施的前提条件是国内市场价格低于国际市场价格。但是一方面，国际市场农产品价格大幅走低；另一方面，国内主要农产品价格在最低收购价和临时收储政策的支撑下高位运行，国内价格由以往低于国际市场转为高于进口成本。由于上述前提条件的变化，实施直接价格支持政策面临新的困难和挑战，特别是产业链长、受国际市场影响大的棉花、大豆等农产品矛盾突出。由于国内价格大幅高于进口成本，市场主体不愿入市收购，国家收储压力急剧增加，上下游价格关系扭曲，市场活力减弱，不利于整个产业链的持续健康发展。

开展目标价格改革试点，探索推进农产品价格形成机制与政府补贴脱钩的改革，目的就是在保障农民利益的前提下充分发挥市场在资源配置中的决定性作用，将价格形成交由市场决定，以促进产业上下游协调发展。一是政府不干预市场价格，企业按市场价格收购，有利于恢复国内产业的市场活力，提高国内农产品的市场竞争力。二是将政府对生产者的补贴方式由包含在价格中的“暗补”变为直接支付的“明补”，让生产者明明白白得到政府补贴，这有利于减少中间环节，提高补贴效率。三是充分发挥市场调节生产结构的作用，有利于使效率高、竞争力强的生产者脱颖而出，提高农业生产组织化、规模化程度，激励农业技术进步，控制生产成本。

当然，开展目标价格试点也会对一些企业带来挑战。如临时收储期间，轧花厂收购加工的棉花可以直接卖给国家，旱涝保收，不需要承担市场风险，但在新的形势下，这些企业需要直接面向市场，自行寻找下游用户并承担市场价格波动风险，但这也是市场经济条件下的正常情况。

粮价起落盯得住

伴随着经济和社会发展，北京市粮食生产、流通情况不断发展变化。为掌握了粮食购销价格情况，服务粮食流通体制改革，加强对各地价格监管工作，2000 年，国家计委下发了《2000 年全国粮食价格监测报告制度》，对粮食价格实行专项监测，并进行了制度性规范。

现行粮食价格监测报告制度的主要内容包括两部分：一是粮食收购价格监测，二是粮食销售价格监测。目前，北京市不作为国家粮食收购价格监测点设点地区，只对粮食销售价格进行监测。

根据北京市价格监测中心的监测数据，2006 ~ 2015 年，富强粉批发价格上涨约 67.7%，粳米约上涨 61.3%，粮价一直处于理想的控制范围之内。

作为人们日常生活中的必需消费品，粮食消费弹性极弱，粮价的变动主要来自于供给环境的变化，在供给因素中生产成本的变化对粮价的影响程度表现得最为突出，此外，国家粮食政策、饲料用量需求的变化都对粮食价格有一定影响。

从田头到市场

近年来，随着经济和社会发展，北京市粮食生产、流通情况不断发展变化。

在生产方面，随着城市化进程的不断开展，我国的粮食、棉花等农产品的种植逐渐向优势区域集中，北京市大量农用土地被转作他用致使农产品的产量持续降低。相对于农业生产而言，工副业具有收益周期短、风险低、投入小的特点，因此广大的京郊农民，尤其是青年农业劳动力不愿意从事农业生产，形成了今天北京市农产品产量逐年下降，农业生产利润产期走低，青年劳动力大量流失的特点。

从 2001 ～ 2009 年的情况来看，北京市粮食的种植面积、产量均呈下降趋势。2001 ～ 2009 年小麦种植面积减少约 17%，其中 2001 ～ 2003 年，小麦的种植面积及产量直线下滑，受国家 2004 年和 2007 年大幅度提高粮食最低收购价格的影响，小麦种植面积和产量曾出现两次由降转升的拐点。北京市小麦产量总体虽然呈下降态势，但在国家粮食收购政策及时、有效的调控下，下降幅度不大。然而北京市稻谷的播种面积则下降明显，2001 ～ 2009 年稻谷种植面积减少 94%。粮食播种面积下降直接导致了产量的减少，至 2010 年北京市的粮食自给率仅为 17%。

链 接

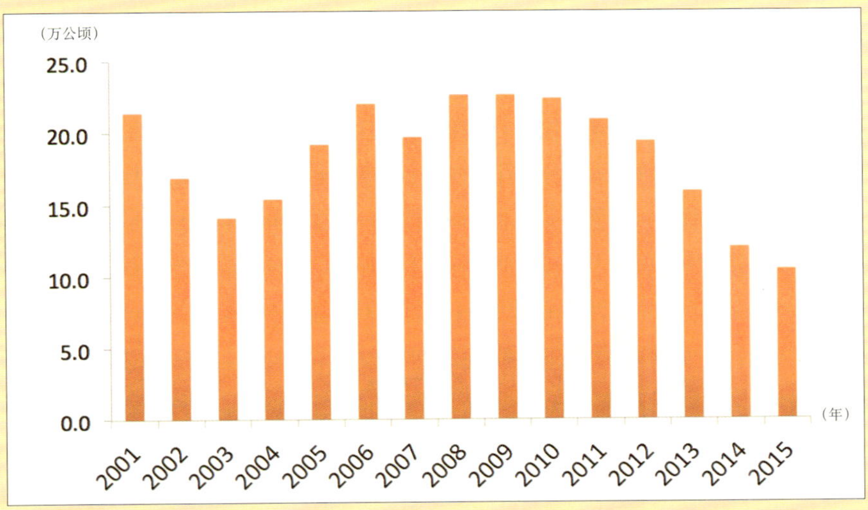

图 3-1 2001 ～ 2015 年北京市粮食作物种植面积

链接

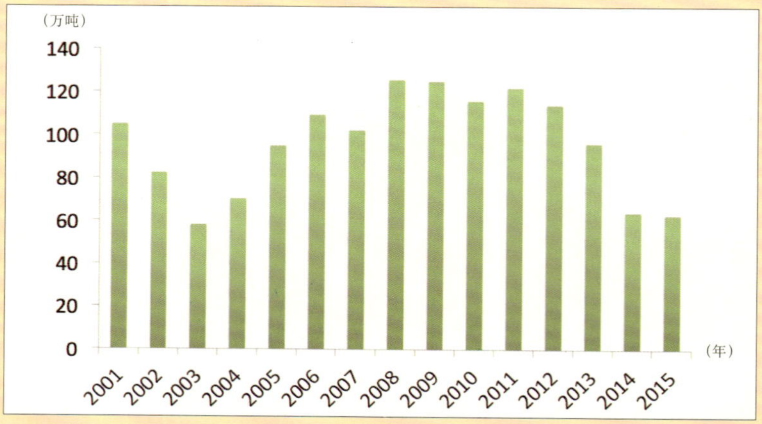

图 3-2 2001 ～ 2015 年北京市粮食作物产量

在加工环节，截至 2009 年，北京市的面粉年加工能力能完全满足北京市面粉年消费量，而大米年加工能力不能满足北京市大米年消费量。当前，北京市面粉加工企业约为 180 多家，其中财务制度健全、品牌固定、加工能力稳定的面粉加工企业仅为 10 家，其他 170 多家面粉加工企业均为“以粮换面”为主要业务的村镇小作坊。大米加工企业为 7 家。此外，北京市多年来消费的大米基本上从外埠产区直接调入，稻谷加工企业原料也基本来源于东北的吉林、黑龙江、辽宁三省。

在北京市粮油供应链渠道与模式方面，成品粮本地品牌经由超市进入消费市场，外地品牌经由两种渠道模式结合进入北京消费市场：一是外地品牌在北京生产的通过超市直接进入销售终端；二是外地品牌在外地生产的通过其品牌代理商，经由批发市场到一级批发市场或者超市多环节进入销售终端。粮油供应链存在传统模式和现代模式两种，现代模式占据主导地位（见图 3-3、图 3-4）。

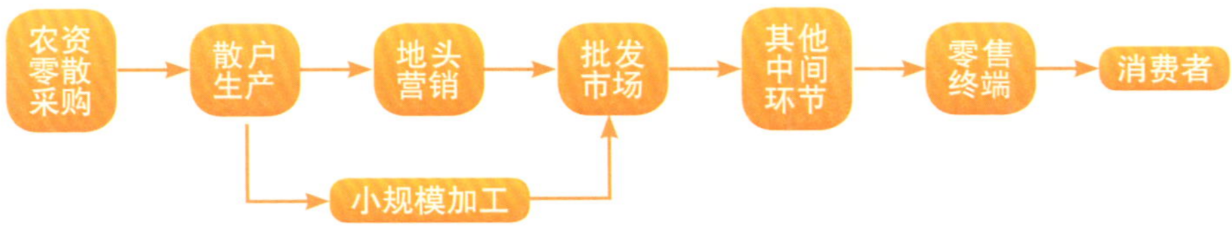

图 3-3 粮油供应链传统模式

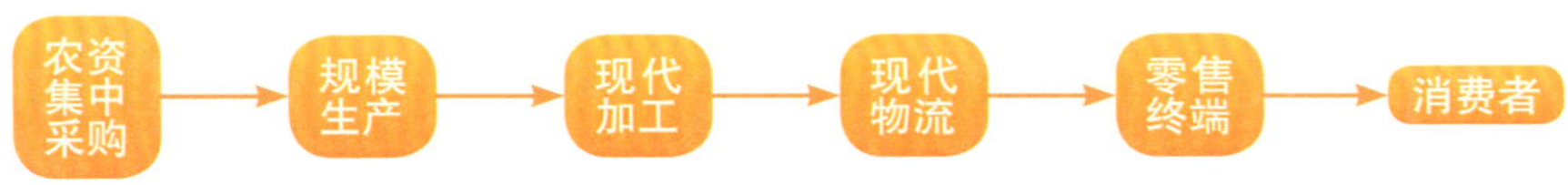

图 3-4 粮油供应链现代模式

在粮油供零售渠道与模式方面，北京市粮油通过批发市场、社区菜市场、超市、个体商贩以及生产企业本身 5 种终端形式进入家庭和个人消费。面粉产业构成和流通状况相对复杂，有参与全产业链的集团化运作模式，像大型国企北京粮食集团和大型民企五得利面粉集团，还有专门从事物流、加工和批发等某一领域的小企业。在长期的发展过程中，目前形成 6 家大的粮食批发市场，具有一定的规模优势，但随着百姓消费的升级和超市业态的崛起，批发市场的发展受到较大的冲击（见图 3-5、图 3-6）。

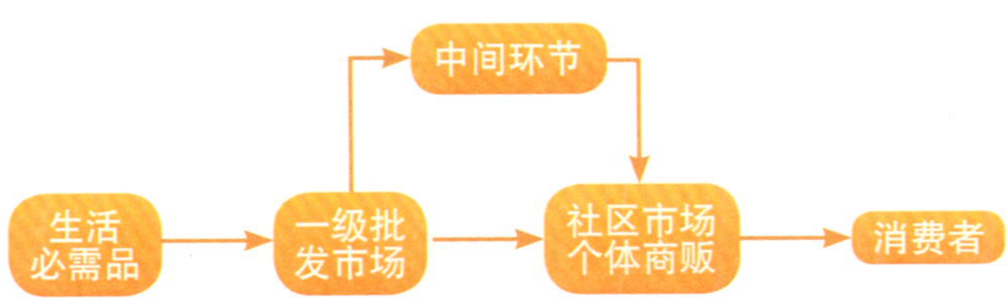

图 3-5 粮油供零售传统模式

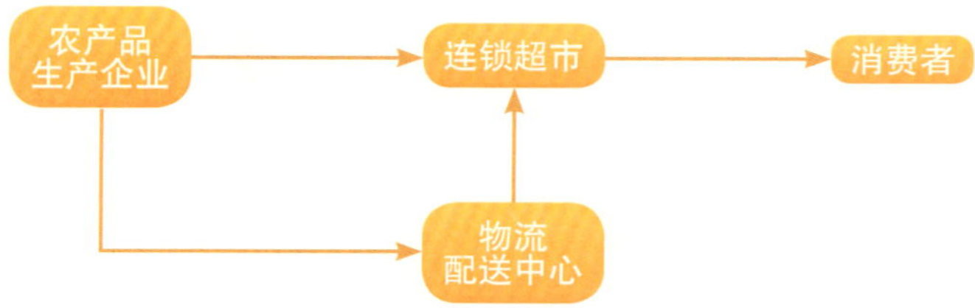

图 3-6 粮油供零售现代模式

截至 2010 年 7 月底，北京市粮食储备总规模 156 万吨，库存原粮可满足半年以上的正常消费量，地方储备成品粮能够达到储备规模的要求，可保证全市居民 10 天的正常消费量。同时北京市的粮食加工企业加工能力较强，小麦和稻谷原粮的年处理能力分别为 69.4 万吨和 83.5 万吨，能充分满足北京市应急状态下的市场粮食供应需求。

目前北京市共有 6 家较大的粮食批发市场，具有一定的规模优势

链 接

2004～2014年北京市粮食播种面积及产量

单位：万公顷、万吨

年 份	播种面积		粮食产量
	粮食作物	小 麦	
2004	15.4	3.9	70.2
2005	19.2	5.3	94.9
2006	22.0	6.3	109.2
2007	19.7	4.1	102.1
2008	22.6	6.4	125.5
2009	22.6	6.1	124.8
2010	22.3	6.2	115.7
2011	20.9	5.8	121.8
2012	19.4	5.2	113.8
2013	15.9	3.6	96.1
2014	12.0	2.4	63.9

（数据来源：北京市统计局）

新闻链接

北京粮食产量全国最少

国家统计局昨天发布了今年全国粮食产量的公告。根据对全国31个省（区、市）农业生产经营户的抽样调查和农业生产经营单位的全面统计，2014年全国粮食播种面积和总产量都较去年有所增长，其中年度粮食产量已经实现了连续十一年增长。

全国粮食总产量6.07亿吨

数据显示，2014年全国粮食播种面积为1.127亿公顷，约合16.91亿亩，比去年增加了0.7%。其中玉米、稻谷、小麦、大麦、高粱、荞麦、燕麦等谷物播种面积0.946亿公顷，比去年增加0.9%。在粮食单位面积产量方面，今年也轻微增长0.2%，达到5 385公斤/公顷，但玉米、稻谷、小麦、大麦、高粱、荞麦、燕麦等谷物单位面积产量较去年轻微下降0.1%。由此计算，今年全国粮食总产量6.07亿吨，比2013年增加516万吨，增长0.9%。

黑龙江种植面积最大北京最小

数据显示，今年全国粮食播种面积最大的省是黑龙江，达到1 170万公顷，超过全国总播种面积的十分之一。其次是河南，播种面积1 020万公顷。今年全国也只有这两个省的粮食播种面积超过1 000万公顷。北京则是播种面积最小的地区，仅为12万公顷。此外，上海的粮食播种面积也仅为16.5万公顷。

单位面积产量方面，单产量最高的省份是吉林，达到7 064.7公斤/公顷，其次是上海、江苏、新疆和山东，每公顷产量都超过了6 000公斤。在粮食总产量方面，基本都与播种面积密切关联，播种面积最大的黑龙江、河南分列前两位，分别达到6 242.2万吨和5 772.3万吨。受到播种面积太小的影响，北京市的粮食产量也全国最小，尚不到64万吨。其次是西藏，产量为74万吨。

国家统计局农村司高级统计师侯锐昨天在解读今年我国粮食生产情况时表示，今年以来，中央继续出台一系列强农惠农政策，包括及早预拨农业“四补贴”，及早发布小麦、稻谷最低收购价，继续实施产粮大县奖励政策等，调动了多方面粮食生产积极性，促进了粮食生产。今年全国粮食增加的播种面积主要来源于种植结构调整，尤其是江淮、江汉一些地区减棉增麦，江汉等部分地区单季稻改为双季稻。这是今年粮食增产的一个主要原因。

前9个月农作物同比降29%

综合来看，今年的气候条件相对较好，灾情轻于上年。据民政部门统计，今年前9个月，全国农作物受灾面积24 899千公顷，比上年同期减少10 041千公顷，下降29%；绝收面积2 854千公顷，比上年同期减少400千公顷，下降12%。

值得注意的是，虽然今年局部地区灾情较重，尤其是北方地区遭受"卡脖旱"，秋粮生产受到影响。但是，一方面，由于灌溉条件差的丘陵山区受旱影响较重，水源条件好的地区影响不大；另一方面，由于各级政府抗灾力度大，加之8月中旬以后多数受旱地区旱情解除或得到缓解，在一定程度上减轻了干旱对玉米生产的影响。从冬小麦、晚稻的气候条件看，其生长期间主产区气象条件接近常年，有些地区甚至好于上年，对相关作物生长发育及产量形成有利。

（2014年12月5日《北京青年报》记者 张钦）

粮价监测制度是怎样形成的

如今，米袋子市场的价格和成交情况在政府的掌握之中，粮食价格是政府部门的重要监测对象之一。而早在2000年，国家计委就下发了《2000年全国粮食价格监测报告制度》（以下简称《报告制度》），对粮食价格实行专项监测，并进行了制度性规范，以此来掌握粮食购销价格情况，服务粮食流通体制改革，加强对各地价格监管工作。

当时，《报告制度》监测的对象主要是国家制定的粮食收购保护价、各生产省制定的定购价格、标准品收购价格以及国营粮店成品粮销售价格。而在2002年，根据各地定购价与保护价基本并轨的情况，原国家计委对《报告制度》做了修订，取消了对定购价格和国营粮店成品粮价格的监测，增加了粮食混等平均收购价格监测项目，相应调整了粮食收购价格监测点，规定北京市、天津市、上海市、海南省不再作为国家粮食收购价格监测点设点地区等。

为适应粮食流通体制改革后的新情况，更及时、有效地监测粮食价格变化情况，为各级政府加强粮食市场宏观调控工作提供依据，国家发展改革委2004年9月印发了《2005年全国粮食价格监测报告制度》(发改价监〔2004〕2064号，以下简称2005年版《报告制度》)，对粮食价格监测工作进行了全国范围内的调整。

第一，增加对非国有粮食企业购销价格的监测。随着主产区粮食购销市场的放开，粮食购销主体多元化，仅对国有粮食企业购销价格进行监测已经不能全面反映粮食实际购销价格情况，2005年版《报告制度》增加了对非国有粮食企业购销价格的监测。

第二，增加对城市超市成品粮零售价格的监测。城市超市是近年来新形成的城市居民购买粮食的一个重要渠道，在继续监测城市集市成品粮零售价格的同时，增加对超市成品粮零售价格的监测，以全面了解城市粮食市场价格水平。

第三，加强对优质粮食价格的监测。为更好地反映粮食市场优质优价的实际情况，对优质粮食购销价格监测单独设置报表，由部分主要粮食产区填报。

第四，取消对省政府保护价的监测。全面放开粮食市场后，政府粮食保护价收购政策已经取消，因此2005年版《报告制度》不再对原有的省政府保护价进行监测。

第五，取消对主产区集贸市场原粮销售价格的监测。鉴于主产区农民基本不到集贸市场销售粮食，原来上报的价格是通过成品粮折算的，不能准确反映市场实际价格情况，因此2005年版《报告制度》不再对主产区集贸市场原粮销售价格进行监测。

粮价起落如何盯

为加强粮食价格监测，及时、准确、全面掌握粮食市场价格变动情况，适应政府宏观调控和价格监管需要，国家发改委制定实行新的《全国粮食价格监测报告制度》（以下简称新《报告制度》）。

新《报告制度》的监测内容包括四部分，一是原粮购销价格，二是优质专用粮食收购价格，三是成品粮出厂价格，四是成品粮零售价格。监测品种为小麦、稻谷、玉米、大豆等原粮，大米、面粉、玉米粉等成品粮。

原粮购销价格，即监测主产区国有粮食收储企业、粮食加工企业粮食标准品和混等品收购价格，国有粮食收储企业粮食销售（出库）价格。优质专用粮食收购价格，监测部分主产区国有粮食收储企业和粮食加工企业优质专用粮食收购价格。成品粮出厂价格，监测主产区和36个大中城市粮食加工企业大米、面粉出厂价格。成品粮零售价格，监测36个大中城市及其他定点城市农贸市场和超市成品粮零售价格。

根据新《报告制度》，采报价定点单位有两大类：一是粮食收储和加工企业。省级价格主管部门在原粮购销价格监测定点县市，选择并指定的1个国有粮食收储企业和2个粮食加工企业；在36个大中城市选择并指定的2个粮食加工企业。二是超市和农贸市场。省级价格主管部门在36个大中城市选择并指定的4个农贸市场和4个超市，在其他定点城市选择并指定的3个农贸市场和3个超市。

新《报告制度》规定，采报价定点单位均由省级价格主管部门指导有关市县价格主管部门，本着规模较大、经营规范、代表性较强的基本原则，并考虑监测工作基础等因素，选择确定。各地选定的监测点报国家发展改革委价格监测中心备案后，正式确定为全国粮食价格监测采报价定点单位。

根据新《报告制度》规定的采价时间及上报周期，价格监测各报表均为旬报，于每月 5 日、15 日和 25 日采集价格。36 个大中城市价格主管部门上报时间为采价日当日，省级价格主管部门上报时间为采价日次日。如遇节假日，顺延采价、上报。

根据新《报告制度》规定，各级价格主管部门在做好基础监测数据采集报送工作的同时，要加强对粮食市场价格的监测预警和分析预测工作。

一是在监测预警环节。各级价格主管部门要按照分级负责、常备不懈、快速反应的原则，做好粮食价格监测预警工作。价格监测机构要加强粮食市场价格动态情况巡视工作，对苗头性、倾向性问题做到早发现、早报告。当市场出现价格异常波动征兆和迹象时，价格主管部门及价格监测机构应按有关规定立即启动预警工作预案，自动进入预警状态。价格监测采报价定点单位应积极配合价格主管部门做好粮食价格监测预警工作，对市场出现的抢购、争购、货源断档等异常性情况要及时做出报告。

二是在调查分析环节。各地要全面了解掌握粮食生产、收购、流通各环节情况，随时报告市场出现的新情况、新问题、新动向，并结合市场形势变化和粮食价格调控、监管工作需要，加强专题调查研究，及时做出报告。同时，要加强粮食价格分析预测工作，定期不定期进行专门分析，并按时报告。

目前，北京市价格监测中心对北京市粮食市场的批发、农贸、超市三个环节进行价格监测。在批发环节，监测 6 家批发市场；在农贸环节，监测对象为 22 家；在超市环节，监测对象则为 16 家，监测频率为日报。

十年来粮价平稳上涨

从北京市粮价的长期趋势来看，在粮价政策的有力调控下，整体粮价平稳上涨，2006 ～ 2015 年，富强粉批发价格上涨约 67.7%，粳米约上涨 61.3%，粮价一直处于理想的控制范围之内。

据北京市价格监测中心的数据，2015 年，本市粮食价格基本稳定。粳米批发、农贸、超市平均价格分别为每 500 克 2.42 元、3.02 元和 2.76 元，同比涨幅分别为 - 0.41%、3.42% 和 1.47%。批发市场月均交易量 9 662.29 万公斤，同比减少 8.29%。2015 年 12 月，国家统计局发布数据显示， 2015 年我国稻谷产量 20 824.5 万吨，同比增加 173.8 万吨，稻谷丰产为本市粳米价格平稳运行奠定了基础。全年除春节期间，受需求增加和市场闭市双重影响，粮食市场处于短期供需失衡的局面，粳米价格阶段性上涨外，其余月份均稳中有降。12 月，受节前备货增加影响，粳米价格止跌企稳。

此外，2015 年北京市的富强粉批发、农贸、超市平均价格分别为每 500 克 1.69 元、2.04 元和 2.03 元，同比涨幅分别为 - 0.59%、1.49% 和 - 2.87%。批发市场月均交易量 3 447.15 万公斤，同比减少 0.33%。上半年，小麦市场供给相对宽松，终端市场需求较为平淡，价格上涨乏力，小麦市场运行平稳，有力保证了富强粉价格的稳定。7 月，受国储小麦库存量庞大、国内小麦市场处于供大于求的影响，富强粉价格进入下行通道。随后的中秋、“十一”两个节日后行情放缓了价格下行趋势。但随着 2015 年新玉米上市以来，价格出现大幅下滑，饲用小麦数量较往年大幅减少，受此影响，10 月、11 月，富强粉价格出现持续下降。进入 12 月，富强粉价格在小麦贸易商出库积极、市场需求阶段回暖的支撑下小幅上行。

链接

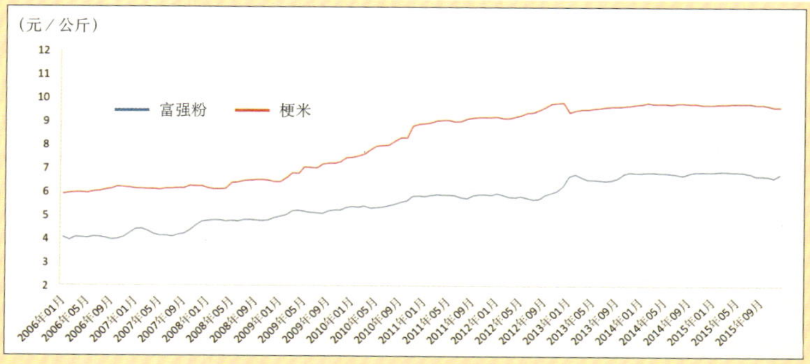

图 3-7 2006 ~ 2015 年北京市富强粉、粳米批发价格走势

那么，影响粮食价格变动的因素有哪些呢?

作为人们日常生活中的必需消费品，粮食消费弹性极弱，个体对于粮食的需求量在较长时间内将保持稳定。因此粮价的变动主要来自于供给环境的变化，剔除自然灾害、价格预期等不确定因素外，在供给因素中生产成本的变化对粮价的影响程度表现得最为突出。

首先，人工成本对粮食价格影响大。对北京市 2003 ~ 2008 年小麦和粳米价格分别与每亩地生产和人工费用的投入数据进行相关性分析可以发现，二者高度相关。据测算，小麦生产成本每增加 1 个百分点，则面粉价格相应增加 1.37 个百分点；粳稻生产成本每增加 1 个百分点，则粳米价格相应增加 1.51 个百分点，粳米价格对生产成本上升的敏感程度要高于面粉。可见在生产环节中，生产成本和人工费用是农民生产中最主要的成本，也是造成粮价上涨的主要原因。

其次，国家粮食政策对北京市粮食价格影响显著，北京市粮食价格与全国粮食价格的波动形态基本一致。作为大型的消费城市，北京市农民种植的粮食类作物仅够家庭内口粮消耗，粮食的大部分供给主要来自外省，因此北京市粮食价格的变化主要受粮食主产区年产量变化和国家粮食储备政策的影响。以2003 年为例，由于粮食种植成本不断提高，小麦和稻谷的产量持续下滑，国家及时大幅度地提高了粮食最低收购价格，提振了农民的种粮积极性，扭转了当期粮食产量进一步下滑的不利局面，2004 年小麦、稻谷产量开始由降转升。

链 接

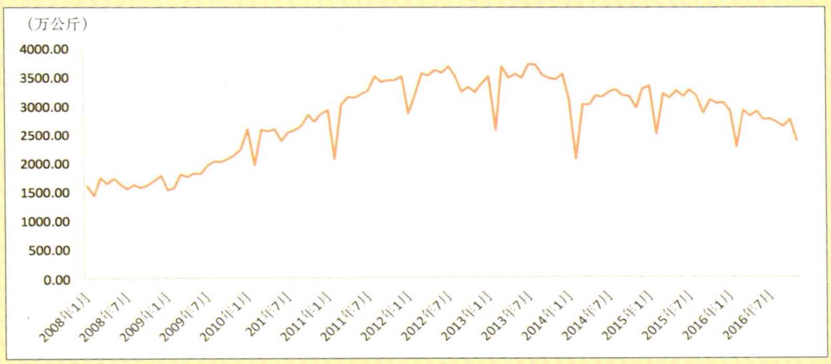

图 3-8 2008 ～ 2016 年北京市富强粉批发环节成交量

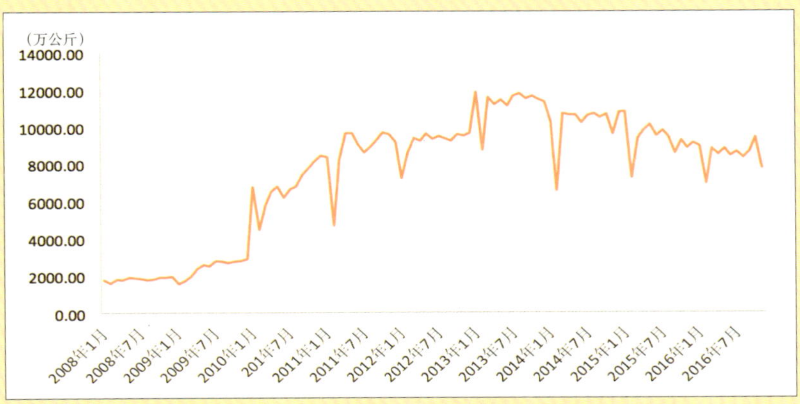

图 3-9 2008 ～ 2016 年北京市粳米批发环节成交量

政策的实施效果显著，对于稳定粮食产量起到了很好的作用，从而保证了本市粮食价格的平稳运行。

除此之外，肉蛋类食品对粮食的替代性，导致饲料用粮的主要品种——玉米种植面积逐年递增，促使小麦、稻谷种植面积减少，产量下降，价格上升；饲料和工业用粮对玉米的需求旺盛，使得口粮供求关系更加紧张，促使粮价上升。

平抑粮价见成效

北京市作为粮食主销区，要保障粮食市场的平稳运行，一方面要积极应对各类突发事件，保障供应；另一方面则需要优化粮食市场调控的长期机制。

从平息“非典”时期粮食价格的异常波动，到应对2008年冰雪灾害造成的北京市的部分商品供应困难、价格上涨，以及奥运会期间保障粮油市场价格的稳定。面对“非常”时期以及事件，北京市曾采取组织大量粮油投放市场的“保供应”和限制价格调整的行政手段来保障北京市场粮食供应和价格稳定。

而在优化粮食调控体系上，全面落实粮食安全市长责任制，积极推动京津冀粮食流通协同发展，着力推进储备粮轮换、粮食流通统计、市场监测预警以及应急体系建设，都是为了保障首都的粮食安全和社会稳定。

突发事件下的“非常”手段

2001年，北京市放开粮食收购市场，一些粮食主产区也放开了部分粮食品种的收购，如湖北省2000年除了中晚籼稻外，其他粮食品种均退出保护价收购范围。粮食购销市场化的改革给北京市粮价调控提出了更高的要求。北京市作为粮食主销区，应对突发粮食事件是粮价调控的重点之一。

2003年，北京市平息了“非典”时期粮食价格的异常波动，在这次实践中，北京市的调控手段以组织粮油投放市场的“保供应”为主。

自2003年4月下旬起，“非典”疫情的蔓延引起一些居民心理恐慌，北京市出现集中抢购粮食现象，致使粮价出现非正常波动。为了确保北京市粮油市场的供应，国家粮食局和北京市政府采取措施稳定粮油市场。

首先，依托北京市粮油加工企业，协调粮油加工能力，并动用粮油储备，

“非典”时期，北京市依托粮油加工企业，协调粮油加工能力，并动用粮油储备，组织粮油投放市场

组织粮油投放市场。大型国企京粮集团组织各大粮库、各个生产加工企业紧急加工、出库，一天出动118部车，实现了“质量一丝一毫不降，价格一分一厘不涨”的承诺。2003年4月北京市粮食库存约315亿公斤，成品粮油货源充足。4月24日，国家粮食局与北京市政府通过协调加工与组织货源，当天共投放市场面粉753吨、大米715吨、食用油25吨；4月25日，投放市场面粉504吨、大米237吨、食用油356吨。其次，北京市在“非典”期间积极推动超市等零售企业加大成品粮油进货数量。最后，北京市与粮食主产区合作，迅速从外埠调入粮油商品。在国家粮食局的帮助下，4月25日起由天津等地调人的面粉、大米、食用油、小包装粮油商品陆续抵京。河北、山东等粮食主产区粮食管理部门在接到国家粮食局通知后，立即组织安排粮食加工企业进行粮食生产，以保证可随时向北京提供充足粮源。这些粮价调控措施迅速平抑了粮价的上涨趋势。

2008年，北京市采取以限制企业调整价格的行政手段为主应对雪灾事件中的粮价调控。

2008年1月18日，中国南方10多个省、自治区出现冰雪灾害，造成北京市的部分商品供应困难，许多商品价格上涨。统计资料显示：2008年1月上旬，全国36个大中城市豆油、猪肉、牛肉和羊肉零售价格同比分别上涨。在北京市，粮油、肉、蛋、禽、液化气等商品价格也出现了不同程度的上涨。

为了稳定市场价格，北京市采取调控措施：一是确立提价申报和调价备案机制，品种范围主要是粮食、食用油、肉类（猪、牛、羊肉）、牛奶、鸡蛋、液化石油气等重要商品；二是严格限制企业调价，北京严格限制企业一次性调高价格的幅度和连续调高价格的情况，北京市规定：粮油企业一次调高价格达到 4% 以上、10 日内累计调高价格达到 6% 以上、30 日内累计调高价格达 10% 以上的，需在价格调整 24 小时内向政府主管部门书面报告调价情况。此背景下京粮集团的古船面粉、古船油和绿宝油价格以低于成本的价格足额供应，以此来平抑粮油价格；三是协调粮油加工能力，并动用粮油储备，组织粮油投放市场。这些措施有效地抑制了粮油价格的大幅波动。

在 2008 年奥运会期间，北京市采取一系列措施来保障粮油市场价格的稳定。

在 2007 年，北京市粮食消费量约为 48 亿公斤（原粮），同比增长 1%。为了确保北京市 2008 年奥运会期间粮油市场货源的充足、供应渠道的畅通、产品质量的安全和价格的稳定。北京市采取的措施包括：一是强化政府调控手段，把握市储备粮吞吐轮换机制，充分发挥市储备粮油“稳压器”和“蓄水池”的作用；二是坚持“三级质量检查”制度，巩固和提高市储备粮的科学管理水平；三是加强粮油市场信息监测、分析和预警提高对粮情走势的前瞻性、宏观性分析；四是进一步完善市、区（县）两级粮食供给应急保障体系，增强粮食应急保障能力；五是大力推进放心粮油工程，创造良好的粮食市场环境；六是加快粮食行政管理部门的职能转变，进一步提高社会管理和公共服务水平；七是加快粮食科技发展和人才培养，提升粮食行业发展水平；八是加强粮食流通基础设施建设，推进现代粮食流通产业发展。这些政策措施保障了 2008 年奥运会期间粮油市场价格的稳定。

链接

北京市人民政府办公厅关于进一步稳定市场做好供应工作的紧急通知

各区、县人民政府，市政府各委、办、局，各市属机构：

北京市场受非典型肺炎疫情影响一度出现波动，发生集中批量购买生活必需品现象。在党中央、国务院的亲切关怀和领导下，市委、市政府采取坚决果断的措施，各级政府和部门克服各种困难，千方百计组织货源，保证市场供应，使首都市场很快恢复了正常。但是，目前本市生活必需品市场供应仍然存在一些不稳定因素，尤其是蔬菜等鲜活商品在货源组织、运输、配送、销售等方面还存在着一些问题。为了保持首都市场的稳定和繁荣，确保关系市民生活必需品的供应，现将有关工作通知如下：

一、认真贯彻中央领导同志提出的对人民生活必需品的供应不脱销、不断档、保质量的要求，坚持“条块结合，以块为主，属地负责”的原则，各区、县政府要对本地区市场的稳定负总责，确保市民生活必需品货源充足，供应及时，市场稳定。

二、各区、县要充分利用本区域内各商业企业原有进货渠道，动员各方力量，全力以赴组织货源，保证渠道畅通，保持商品正常销售和合理库存。同时，应采取有效措施，建立必要的商品储备以备急需。

三、经营生活必需品的商场、超市、菜市场、农贸市场等商业企业，要在落实防治非典型肺炎疫情各项措施、确保安全卫生的基础上，保持正常营业，不得擅自停业。还要创造条件，动员各方力量新增一些网点，方便群众。

四、针对目前一些商业零售网点和菜贩摊点因各种原因不能正常营业的状况，各区、县要立即制定必要的应急工作预案，充分依靠街道办事处、居委会以及本区域内可利用的网点和场地，以便在紧急情况下投放货源，保证本区域内居民生活必需品的供应，特别是要有足够的蔬菜等鲜活商品备用网点。各区、县要将工作预案于5月2日前报市商委备案。

五、各区、县政府要从稳定大局的高度，加强领导，明确责任，做到各项措施和预案切实落实。要保持信息准确畅通，遇有市场波动及其他情况要及时向市政府报告。

目前，本市非典型肺炎疫情防治工作正处在关键时期。各区、县要团结协作，密切配合，确保首都市场的繁荣稳定，为夺取抗击非典型肺炎斗争的全面胜利而努力奋斗。

二〇〇三年四月二十九日

粮价调控的长期布局

北京市是国家首都，为了保障首都的粮食安全，除了要积极应对各类突发事件，稳定粮食市场，优化粮食市场调控的长期机制十分重要。

根据北京市粮食局印发的《2016年北京市粮食调控工作要点》，当前，北京市粮食调控工作要点包括几大方面：全面落实粮食安全市长责任制，积极推动京津冀粮食流通协同发展，着力推进储备粮轮换、粮食流通统计、市场监测预警以及应急体系建设。

第一，要稳定北京市的粮源供给，进一步增强“一手”口粮粮源掌控力。积极调整优化粮源品种结构和区域布局，在水稻主产区黑龙江东部、小麦主产区河北省南部加大口粮粮源基地建设力度。此外，还要继续推动外埠粮源基地提质增效，不断提升其加工、检验、应急保障能力，打造收储加工一体化基地。

第二，在加强北京粮食市场的调控上，一方面北京市要完善调控工作机制，改进储备粮轮换购销和计划分配方式，灵活运用储备粮吞吐轮换机制，有效调节市场供求，保持粮食价格在合理水平上基本稳定；另一方面，北京市要抓好粮食“去库存”工作，强化市场监管，维护市场秩序，确保定向销售的粮食按规定的用途使用，结合粮食“去库存”，培育一批能够支撑国家宏观调控需要的大中型粮食加工企业，积极发展粮食产业经济，培育壮大粮食加工产业集群，充分发挥加工转化的“蓄水池”和“调节器”作用。

第三，在京津冀粮食流通协同发展的背景下，北京市要抓机遇，立足城市功能定位和自身资源优势，优化调整粮食产业的分工。一方面，按照非首都功能疏解以及本市产业结构调整的有关要求，优化储备粮库布局，合理布局主要粮食物流节点，重点发展河北小麦收购基地及面粉加工基地、天津油脂加工基地和港口物流基地、北京的粮食物流产业园区，提高产业集聚度和基地园区的带动效应；另一方面，建立健全协同保障工作机制，积极发展省市间粮食物流，推动环京 4 小时粮食物流圈建设，加快支持建设仓储、批发、加工、配送“四位一体”的粮食物流中心。

第四，在推进监测预警和应急保障体系建设上，北京市要抓创新。一方面，逐步构建信息监测预警体系，及时掌握供求和价格变化，适时发布粮食生产、消费、价格信息；另一方面，深入推进应急保障体系建设，加强市与区两级粮食应急指挥机构建设，明确职责，细化流程，安排专项资金支持应急供应保障体系建设。积极落实应急供应网点，修订应急预案作，并结合组织开展各区粮食应急模拟演练工作。

第五，北京市要落实做好统计信息服务工作。大力提升粮食企业统计基础数据质量。健全粮食生产、流通、加工和消费调查统计体系，落实粮食经营信息统计报告制度。逐步扩大粮食企业统计报表网络直报的覆盖面，指导粮食企业建立健全粮食经营台账，提升粮食企业统计基础数据质量，确保国家粮油统计信息系统正常运行。围绕信息系统应用、统计法律法规、数据分析方法等内容，加强对粮食企业负责人和统计人员的业务培训，提升统计人员业务素质。加强统计执法检查，进一步提高源头数据质量。

链 接

北京市粮食安全市长责任制正式实施

近日，北京市政府印发《关于全面落实粮食安全市长责任制的实施意见》（京政发〔2015〕52号，以下简称《实施意见》），以切实落实粮食安全责任，提高本市粮食安全保障能力和水平。自此，本市粮食安全责任长效机制进一步建立健全，粮食安全保障体系得以巩固加强。

《实施意见》由市粮食局会同市发展改革委、市财政局等15个部门共同起草，严格按照国务院文件精神，立足首都城市战略定位，积极落实推动京津冀协同发展的总体要求，并结合本市粮食主销区特点，首次明确和细化了市政府相关部门和区县政府的粮食安全责任、重点工作任务和措施、落实保障措施和加强监督考核等方面内容。

强化粮食安全意识和责任

主要是明确市政府相关部门和区县政府的粮食安全责任。市政府相关部门主要责任是：深化粮食产销合作，提高粮源供应能力；实施粮食收储供应安全保障工程，加强粮食流通能力建设；完善粮食市场调控机制，维护粮食市场稳定；落实市级粮食储备，确保储备粮数量充足、结构合理、质量良好、调用高效；健全粮食质量安全保障体系，落实粮食质量安全监管责任；深化国有粮食企业改革，促进粮食产业健康发展。

各区县政府承担保障本区县粮食安全的主体责任，主要责任是：合理规划本区县粮食流通基础设施布局，提高粮食流通能力；加强粮食市场供求形势的监测和预警分析，规范粮食市场秩序；加强粮食应急供应网点建设，健全粮食应急供应保障体系；落实粮食质量安全监管责任，健全粮食行政执法检查体系；确保本区县配套的粮食风险基金及时足额到位；大力推进节粮减损，引导城乡居民健康消费。在此基础上，远郊区县政府还应承担以下责任：稳定本区县粮源供应；维护本区县粮食市场稳定；管好用好区县粮食储备；保护基本农田；调整农业生产结构。

明确本市粮食安全重点工作和措施

主要包括五个方面：一是提高粮源供应能力，管好用好地方粮食储备；二是加强基础设施建设，提高粮食流通能力；三是加强粮食市场调控，保障粮食市场平稳有序；四是强化质量安全治理，确保粮食质量安全；五是坚持改革创新，推动粮食产业升级和健康消费。

落实保障措施，加强监督考核

市政府将定期组织对区县政府落实粮食安全责任制情况进行考核，对成绩突出的给予表扬，对不合格的予以通报批评、责令整改并追究责任。监督考核的具体工作由市发展改革委、市粮食局会同有关部门组织实施。

市政府常务会在审议《实施意见》时强调，粮食安全是关系民生的大事，是保证经济发展和社会稳定的基础工作。市政府各部门、各区县政府要高度重视，认真贯彻国务院有关要求，进一步增强大局意识、责任意识，把保障粮食安全放在首都经济社会发展的重要位置，作为保障民生工作的基本任务，扎实落实粮食安全行政首长责任制，健全粮食应急供应保障体系，努力提高本市粮食安全保障能力和水平。

会议要求在京津冀协同发展的战略背景下，依托津冀等地，建立外埠粮源基地，提高粮源供应能力，切实落实粮食储备，确保满足人民群众对优质粮食产品的需求。同时，市政府各部门、各区县政府要健全粮食质量安全保障体系，严格落实粮食质量安全监督责任，加强对粮食收购、储备、运输、加工、销售等环节的安全监督，保障粮食质量安全。

（来源：北京市粮食局）

第四章

米袋子新动向

随着近些年老百姓消费水平的提高和生活节奏的加快，一方面，餐桌上的主食花样越来越多，另一方面，粮食市场出现了不少值得关注的新的发展方向。

米袋子新动向

“民以食为天”，随着近些年老百姓消费水平的提高和生活节奏的加快，一方面，餐桌上的主食花样越来越多；另一方面，粮食市场出现了不少新的发展方向。

例如，我国老百姓餐桌上的主食已经逐步由早前家庭自制向社会化供应转变，市民能够从菜摊、超市主食厨房等渠道买到已经制作完成的主食成品，如馒头、烙饼、馅饼等。特别是像北京这样的大城市，主食厨房等渠道给生活快节奏的人们带来了巨大的便利。

又例如，为了调剂和改善生活，很多人开始注重粮食消费的营养性，杂粮受到了追捧。据京粮集团的统计数据，2015 年，杂粮销量比 2014 年增长 30%。

再有，我国开始推进马铃薯的主粮化战略，“土豆馒头”已经在北京上市，将成为稻米、小麦、玉米外的又一主粮；“互联网 +”的时代，粮油电商来袭，为消费者提供了新的购物渠道和购物方式……北京米袋子正在迎来发展新动向。

“土豆馒头”亮相市场

2016 年 6 月 1 日，“土豆馒头”正式在北京市场上亮相。由中国农业科学院农产品加工研究所研制、海乐达食品有限公司生产的首批第一代马铃薯主

在我国“华北漏斗区”，种植需水量较大的小麦很大程度上要依赖人工灌溉。这就需要因地制宜推进种植结构调整，而土豆的抗旱性和产量使其成为一个比较好的选择

食产品——30% 马铃薯全粉馒头，在北京上市销售。

众所周知，土豆学名马铃薯，是中国老百姓餐桌上最常见的蔬菜。在 2015 年，中国启动了马铃薯主粮化战略，推进将马铃薯加工成馒头、面条、米粉等主食，土豆将成为稻米、小麦、玉米外的又一主粮。2016 年 2 月 23 日，农业部发布了《关于推进马铃薯产业开发的直到意见》，将马铃薯作为主粮产品进行产业化开发。

在我国粮食已连续 13 年丰收的背景下，将土豆作为干粮，原因何在?

事实上，推行土豆的主食开发，并不意味三大口粮出现短缺。从供给侧结构来看，口粮出现“三量齐增”现象，特别是玉米去库存压力大，因此要调减玉米种植面积。而从需求侧结构来看，随着生活水平和消费水平的提升，追求营养健康成为消费趋势，而农产品市场结构又比较单一。因此，把土豆纳入主食大家庭，有助于推进农业供给侧和需求侧的有效对接。此外，推进土豆主食开发，还有利于缓解资源环境压力，实现农业可持续发展。土豆耐寒、耐旱、耐瘠薄，适应性广，种植起来更为容易。

首先，土豆有助于调整种植结构，缓解资源环境压力。

由于自然条件的变化，在我国，有些地方急切需要进行种植结构的调整。在“华北漏斗区”——从河北保定、石家庄、河间，沿冀鲁豫三省交界线，南至河南北部安阳、新乡一带南北向的不规则长型区域，这些地方由于多年的地下水超采，导致地下水资源紧缺。在这些地方，种植需水量较大的小麦很大程度上要依赖人工灌溉。这就需要因地制宜推进种植结构调整，而土豆的抗旱性和产量使其成为一个比较好的选择。

其次，土豆主食化先天的优势中最关键的就是抗旱，在我国部分地区产量高，能够提升当地农民收入。

目前我国马铃薯的主产区是甘肃定西市、宁夏固原市、西南、内蒙古和东北地区。甘肃气候干燥，年均降水量只有 300 毫米左右，在这样的地方，很多粮食作物就连生长都困难。然而，甘肃省定西市是中国乃至世界马铃薯最佳适种区之一，据统计，2012 年甘肃马铃薯种植面积 271 万公顷，总产是 11 197 万吨。甘肃省定西市已成为全国马铃薯三大主产区之一和全国最大的马铃薯生产基地和薯制品加工基地，被誉为“中国马铃薯之乡”，每年向全国各地提供大量的马铃薯。

事实上，除了甘肃，在我国还有很多先天性干旱缺水的地方。包括东北、华北的北部，还包括西北、四川、云南、贵州这一带。这些地方共同的特点就是干旱时间长，土地瘠薄而且气候冷凉，除了种土豆外，就连同样抗旱耐的红薯的种植也很困难。因此，土豆适合我国大面积先天性干旱地区种植，能增加当地农民的收入。

此外，我国土豆的种植产量增长空间很大，能够缓解我国粮食增产压力，保障中国人的“饭碗”。

由于种植方式的粗放，目前我国土豆的平均产量还达不到世界平均水平，产量的增长空间能在一定程度上缓解我国粮食增产的压力。受耕地减少，水资源短缺的影响，小麦、水稻和玉米要继续增产的空间已经很小，难以满足粮食增产的需求，而且增产的难度大，成本也越来越高。要想保障中国人的“饭碗”，需要开辟增产的新途径，而土豆有很大的增产空间，如果种植结构调整，使得土豆种植面积增大，就能相应满足我国每年粮食增加刚性需求。

目前，在不挤占其他主粮的种植面积的情况下，我国已经在北方的旱作区以及南方的冬闲田加大推广土豆种植的力度。

然而，要让土豆真正加入主食的队伍，还有一些技术关口需要突破。土豆和小麦一样都离不开传统的加工方式，但与小麦相比，土豆中面筋含量极低，难以单独成型，需利用现代的谷物化学技术进行催化整合，提高面筋含量。

要把土豆发展成为主粮，需结合我国的饮食习惯和文化，采用土豆粉和小麦粉配比的方式制作馒头、面条等。市场上一些面条、方便面、面包、馒头和米粉等的生产中已经开始添加土豆全粉或淀粉，最高的添加比例达35%，未来有望达50%以上。但要进行大规模的工业化、规模化主食加工，需要有适合的品种匹配，有些土豆适合做蔬菜，有些适合做淀粉、全粉，从种植环节就要选择好品种。目前我国的土豆全粉加工采用的是西方技术标准，价格是小麦粉的六七倍，要生产出价格合理、营养不流失的适合主食加工的土豆全粉，则需要在关键的技术和设备方面加紧开发研制。

自2013年农业部提出实施马铃薯主食化发展战略以来，中国农科院开展了马铃薯主食专用马铃薯品种筛选、配方与工艺、品质形成机理及营养素综合评价等一系列的研究，攻克了高占比马铃薯主食产品发酵难、成型难、整形难等难题。在完成马铃薯主食产品实验室小试的基础上，实现了中试及产业化生产，并将马铃薯与小麦粉复合馒头中马铃薯的占比不断提高，研制出马铃薯馒头、面条、面包、米粉等第一代马铃薯主食化产品。

链 接

马铃薯主食产品已达240多种 农业部扎实推进马铃薯主食加工产业开发

近年来，农业部扎实推进马铃薯主食加工产业开发工作，组建马铃薯主食加工产业联盟，加快技术装备研发和科技成果转化，加大展示推介力度，促进了马铃薯主食加工产业开发良好态势的形成。

一是技术装备研发不断突破。针对马铃薯中不含面筋蛋白，马铃薯主食加工存在成型难、易断条等问题，成功研发真空和面、恒温恒湿熟化、绫织复合压延、单/双螺杆挤压成型技术等关键加工技术；优化产品配方，将马铃薯主食中马铃薯占比提高到50%；试制家庭用马铃薯面条机、大型马铃薯挤压面条生产线、马铃薯馒头生产线设计研发工作。目前仅农业部研发团队，就形成核心专利120余项，部分马铃薯主食已实现连续化生产。

二是产品开发种类不断丰富。随着《关于推进马铃薯产业开发的指导意见》的发布，全国马铃薯主食加工相关科研单位、企业和社会组织，对马铃薯主食产品开发的热情与日俱增，马铃薯食品层出不穷、马铃薯添加的比例也逐渐加大。目前已经形成包含马铃薯主食、马铃薯休闲食品、地方特色马铃薯食品等六大系列240多种产品，为马铃薯主食消费提供了更为丰富的选择。

三是群众消费认知不断增强。在河北、湖北、宁夏、黑龙江等地开展展示推介、参加国际薯博会等大型展览、组织马铃薯主食校园行、进社区等活动数十次，编印马铃薯主食系列丛书8册，大力进行主食消费引导和市场培育，助推了群众消费新型马铃薯主食的热情。

四是工商资本热情不断高涨。在农业部大力推动和联盟带领下，马铃薯主食产品潜在需求不断被挖掘，加之当前主食加工产品巨大的需求空间，不断激发着工商资本的投资热情。一年来，相关专利技术转让达20余项；在项目带动下，仅北京、河北、内蒙古等9个试点省（区、市）和上海、哈尔滨、杭州、西安等7个试点市，就有200多家企业参与了马铃薯主食产业开发。同时，在河北、内蒙古、甘肃等马铃薯重点产销区，马铃薯加工逐渐向主食加工转型。

（2016年8月29日 农业部网站）

“互联网+”带来改变

在现如今的电商时代，互联网改变着商品的交易方式和人们的购物习惯。一方面，信息化、网络化手段改变着传统行业的运作方式；另一方面，网络电商转变了人们的消费方式，淘宝网、京东网等知名电商成为消费者耳熟能详的网络购物平台。

在此背景下，粮油市场也不例外，出现一批从事粮食电子商务的综合性及专业性平台。

目前，仅就粮油电商B2C平台而言，存在多元的电商模式。

例如，在大型粮食企业自行开发的电子商务平台中，其中最为消费者熟知的是中粮我买网。它是由世界 500 强企业中粮集团有限公司于 2009 年投资创办的食品类 B2C 电子商务网站，主要经营粮油、食品、水果蔬菜等。

另一家大型国企京粮集团创办的点到网是于 2011 年投资上线的食品类 B2C 电子商务网站，现由北京京粮电子商务有限公司经营。点到网主要经营米面、粮油、食品、酒饮等。京粮集团旗下除点到网以外其他线上商城还包括京粮食品专营店淘宝商城和京粮商务网。

以上两家大型国企选择自建平台，也有粮食企业选择在大型综合网站，如阿里巴巴、淘宝、京东等开设店铺。以淘宝网吉林大米馆为例，在 2014 年 9 月淘宝网组织的 5 省 6 款大米“秋收新米香”促销活动中，吉林大米（东福有机稻花香）销售达 1.2 万单，名列第一，黑龙江五常大米以 5 700 单排名第二。

如今，网络电商转变了人们的消费方式，淘宝网、京东网等知名电商成为消费者耳熟能详的网络购物平台。图为电子商务公司员工在装点农产品网店

截至2015年年底，吉林东福米业、梅河大米公司和柳河国信米业等8家企业入驻淘宝吉林大米馆，吉林省政府与阿里巴巴签订战略合作协议，合作销售吉林大米。通过参与淘宝“挑食吉林鲜米”等活动，吉林大米跃升至淘宝大米网首页，吉林大米“营养、好吃、更安全”的整体形象得到充分展示，品牌影响得到快速提升。

另外，还有如山西省忻州市的“饭中有豆”杂粮网是区域性政府扶持或参与的电子商务平台，该杂粮电商平台2015年8月23日在山西省忻州市上线。该平台以家庭厨房服务为核心，开通了PC端、手机端、微信商城等多种网上入口，其主要内容有：今日特惠、精品馆、批发中心、红包专区、健康论坛等模块，发布特色小米、特色杂粮豆、杂粮挂面、杂粮面条、土特产等系列商品。

西安爱菊粮油采取“电商+店商”O2O模式。2014年9月22日，西安爱菊粮油集团全面启动社区电子商务项目，依托西安市700多个连锁网点，按照“预约订货、就近取货、验货付款、买退自由”的原则，消费者可以通过网站、手机、预约机和电话订货的方式任意选择爱菊放心产品。爱菊集团进入电商领域以“爱菊”系列米、面、油、主食、豆制品作为核心产品，并以全国各地的名牌副食产品作为补充。

新闻链接

吉林大米淘宝网店开张

9日，记者从淘宝特色中国吉林馆项目运营中心获悉，日前我省在淘宝网开辟了“吉林大米馆”，并于8日零时正式开售，截至9日14时，馆内访客量达5.8万人次，共成交4 583笔，销售大米28吨。

2014年，淘宝网确立“新农业”发展战略，拟在全国按地域优选10个农产品单品，采取“指定企业提供产品＋淘宝基地直供＋地方扶持特色优势产业”模式，利用淘宝平台促进具有质量和信誉保证的产品销售。在省商务厅的积极争取下，淘宝网决定将吉林大米作为“淘基地”之一，并在淘宝网上开辟“吉林大米馆”。

今年年初以来，省商务厅与淘宝网、省粮食局和省内10家知名企业就吉林大米品牌、规格、价格、仓储物流等内容多次进行磋商，最终选定秋田小町（绿色）、稻花香（绿色）、稻花香（有机）3个重点推广品种，首批选择吉林梅河大米公司、吉林市东福米业公司和柳河国信社稷尚品农业公司3户上线企业。在具体运营过程中，由吉林馆运营商在淘宝网开设统一店铺，名称为“吉林大米馆”，企业出具产品授权书，产品进入馆内统一销售。

“在淘宝网上打开局面后，我们将吸纳农民、家庭农场、农民专业合作社入驻吉林馆。”淘宝特色中国吉林馆项目运营中心总监赵辉介绍说，随着该项目的有序推进，他们将在长春市区建立仓储物流中心，为农民提供免费仓储服务；开设淘宝大学培训机构，培养一批电子商务人才，帮助农民开展网上销售，提高吉林农产品外销量和品牌知名度。

（2014年4月10日 《长春日报》记者 李中良）

借疏解加速电商升级

除了大众熟知的各类B2C电商平台，在北京市疏解非首都功能的新形势下，传统农产品批发市场也在进行电子商务的升级改造，例如，锦绣大地批发市场进行B2B垂直电商升级，或将对市场分散车流和物流提供解决方案。

传统批发市场市场经营环境较差，流通环节较多增加费用，且销售辐射范围受限，此外批发市场车流量大、采购分散的现状已不太符合北京国际化大都市发展要求。而电商平台具有24小时全天候交易、交易范围扩展至国内甚至全球、集约化的订单交易降低了成本，提高了效率。因此，无论是从社会发展趋势还是从本市实际需求，传统粮食交易模式有必要进行升级改造，并进行线上线下的双向交易模式。

成立于2003年4月的锦绣大地批发市场，是北京市西部地区最大的农副产品交易市场。如果说新发地是北京市最大的菜篮子的话，那锦绣大地是北京市最大的米袋子。而在调整疏解非首都功能的大背景下，锦绣大地同样面临着转型的问题——如果只是简单地整体搬迁的话，留下的市场供应谁来填补？

2015年年初，锦绣大地在海淀区政府的指导下开始触电上网，目标是立足北京，辐射华北，联通全球，用互联网技术改造传统批发市场，从现货、现金、现场交易的“三现”交易，向期货、网络支付和配送交易的电商模式转型，打造成B2B服务商。

锦绣大地的电商化路径是：市场批发商逐步上线，线下市场升级为体验店和业务洽谈中心；交易通过线上下单，在河北仓储基地、进出口食品城、六环周边及保税区产业园设立周转库，通过锦绣大地物流完成配送。

2014年年底，5万平方米的锦绣大地商务在线楼启用，洽谈和体验中心准备完成。客户可以在商务在线楼浏览并洽购锦绣大地电商网站上的相应产品。

2015年4月，锦绣大地电商结算中心运行。在为商户提供线下结算服务的同时，引导商户转为线上交易。根据规划，电商结算中心年承担的年交易额将超过200亿人民币，且随着线上批发交易生态的丰富，还将为商户提供支付担保，贷款融资等更丰富的金融服务。在食品安全和质量保障方面，锦绣大地将建立大地认证体系和产品标准体系，进行产地，质量和品牌认证，并推出大地产品标准体系，为非现场交易提供标准支持。

2015年7月15日，锦绣大地电商平台正式上线交易，首批约500名商户入驻锦绣大地电商平台，当月完成交易额约1亿元。

目前，锦绣大地商务在线电商平台交易额已突破50亿元。截至2016年6月底，为锦绣大地物流港和商务在线楼的商户提供一站式金融服务的大地云商结算中心累计结算额也达到了70亿元，已初步实现了市场的统一收银。另外，与电商配套的锦绣大地智能仓储物流项目2016年3月已正式启动，不仅打通了传统仓库精细化管理的瓶颈，而且确保了农产品的质量安全，提升了农产品流通环节的运转效率，对帮助市场分散车流和物流提供了解决方案。

后记

粮食安全是构建和谐社会的关键。从经济运行看，粮食占 CPI 权重较大，其价格稳定对抑制通货膨胀具有重要意义；从消费群体看，粮食价格过快上涨又会引发连锁反应，甚至形成“甩鞭效应”，传导、放大市场价格波动幅度，影响民心；从农民利益看，粮价过低，农民收入减少、利益受损，又会挫伤种粮积极性，最后危及粮食安全。政府需在这三者中寻找平衡点，统筹调控。

第一，应把加强对粮食价格的监测分析提升到保障粮食安全的高度。在目前全球流动性过剩、灾害性天气频发的背景下，要加强对国际粮食市场行情的监测分析，防患于国际资金的炒作对国内粮价的影响；从国内市场看，粮食主产区的粮食生产情况与本市的粮食价格具有很强的关联性，要畅通主产区信息沟通渠道，及时关注国内主产区的生产、价格动态信息，有效应对各种价格波动；从本市市场看，继续加强对本市粮食价格的每日监测，并定期对 36 个大中城市的粮食价格进行综合分析，做到价格异常波动时能准确反应、及时应对。

第二，应稳步提高粮食收购价格，继续加大对“三农”的扶持力度。在连续 5 年的京郊“三农”调查中发现，近几年，北京市为促进农业生产，对京郊农业生产的投入力度不断增加，但城乡收入差距仍然较大，政府应继续加大对“三农”的扶持力度，稳步提高粮食收购价格，增加农业补贴，加强农业保险。只有不断改善农业生产条件，提高农民的种粮收益，缩小务工和务农的收入差距，才能从根本上保障粮食安全，稳定粮食价格。

第三，建议加强与粮食主产区的交流合作，完善从产到销的粮食产业链，保证京城粮源，稳定京城粮价。北京作为大型粮食主销地，粮食主产区价格的变化对北京市粮价的影响密切。政府在支持京郊发展粮食生产，保持一定粮食自给率的同时，要加强完善与粮食主产区的合作，以举办粮油贸易洽谈会、商品展销会等多种形式，及时沟通产销地区的供需信息。利用北京市的技术和人才优势鼓励本市更多的粮食企业采取购买、租赁以及股份合作的方式到产粮大省建立粮食产业基地，在原产地采取库厂结合、订单收购、就近加工、定向销售的方式从源头保证京城粮源，稳定京城粮价。

第四，建立完善粮价上涨与中低收入群体补助的联动机制，保障中低收入群体利益。粮食是最基本的居民必需品，粮价波动对中低收入群体的心理影响更强于实际影响。从国际、国内经济发展看，粮食价格稳步上涨是必然趋势，这就需要建立完善粮价上涨与中低收入群体补助的联动机制，保障中低收入群体利益。应依据城镇中低收入者粮食支出状况和历次粮价波动的影响情况，建立系统的粮价预警指标体系，科学设定预警级别，明确相对应的配套措施。多渠道、多形式地加大对城镇中低收入家庭的实物和现金补贴，最大限度降低粮价上涨可能给中低收入者心理带来的负面影响，更不能影响其生活水平的实际下降。